Comentário do Livro do Profeta Sofonias

Pedro Kramer

Comentário do Livro do Profeta Sofonias

Procurai a Justiça e a Pobreza!

2013

© 2013 by Fonte Editorial e Editora Santuário

Dados Internacionais de Catalogação na Publicação (CIP)

KRAMER, Pedro.
Comentário do Livro do Profeta Sofonias/Pedro Kramer.
São Paulo/Aparecida: Fonte Editorial/Santuário, 2013.

ISBN 978-85-63607-75-1

1. Bíblia – A. T. – Sofonias – Comentário I. Título

04-1340   CDD 221.6

Conselho Editorial do
Comentário Bíblico Latinoamericano:
Júlio Paulo Tavares Zabatiero
Ludovico Garmus
Luiz Alexandre Solano Rossi
Milton Schwantes (†)
Tércio Machado Siqueira
Valmor da Silva

Conselho Editorial
Eduardo de Proença
Alessandra Santos Oliveira de Proença
Ronaldo de Paula Cavalcante
Julio Paulo Zabatiero
Andrés Torres Queiruga
Sandra Duarte de Souza
Ricardo Quadros Gouvêa

Capa:
Eduardo de Proença
Preparação e Diagramação:
Alessandra S. Oliveira de Proença
Revisão:
Filipe Santos

Proibida a reprodução total ou parcial desta obra, de qualquer forma ou meio eletrônico e mecânico, inclusive por meio de processos xerográficos, sem permissão expressa da editora. (Lei nº 9.610 de 19.2.1998)

Todos os direitos reservados à
FONTE EDITORIAL LTDA.
Rua Barão de Itapetininga, 140 loja 4
01042-000 São Paulo - SP
Tel.: 11 3151-4252
www.fonteeditorial.com.br
e-mail: contato@fonteeditorial.com.br

Editora Santuário
R. Padre Claro Monteiro, 342.
12570-000 Aparecida - SP
Tel.: (12) 3104-2000
www.editorasantuario.com.br
e-mail: atendimento@editorasantuario.com.br

SUMÁRIO

INTRODUÇÃO 09
QUESTÕES INTRODUTÓRIAS SOBRE O LIVRO DO PROFETA
SOFONIAS 13
1. Importância e atualidade da profecia de Sofonias 13
2. Sofonias: Profeta protegido por Iavé – A mensagem central do livro 14
3. Temas proféticos para debate e aprofundamento 19
4. Estrutura do livro de Sofonias 21
5. O processo de formação do livro de Sofonias 26
6. Sofonias: um profeta africano? 30
7. Tempo e local de atuação 34

COMENTÁRIO

PARTE I

1. Julgamento de Judá, de Jerusalém e do mundo por Deus no contexto do 'dia de Javé': Sf 1,1-18 41
   1.1 Todo o livro do profeta Sofonias é Palavra de Deus 41
   1.2 Anúncio do julgamento do mundo, de Judá e de Jerusalém por Deus: Sf 1,2-6 44
      A volta ao caos original: Sf 1,2-3 44
      Todas as religiões são boas! Extermínio dos sincretistas e idólatras: Sf 1,4-6 47
   1.3 Anúncio do julgamento de vários grupos de líderes de Jerusalém por Deus como concretização do 'dia de Iavé': Sf 1,7-13 53
      Acerto de contas com a elite poderosa do Reino de Judá: Sf 1,7-9 ..53
      Inimigos assaltam os comerciantes de Jerusalém: Sf 1,10-11 58
      Acerto de contas de Iavé com os senhores de Jerusalém: Sf 1,12-13 60

Sofonias: Profeta dos empobrecidos e oprimidos 62
1.4 Descrição do 'dia de Iavé' 63
    A proximidade do 'dia de Iavé' para os habitantes do reino de
    Judá: Sf 1,14-16 63
    O 'dia de Iavé' 65
    A ira de Iavé acabará com a terra e seus habitantes: Sf 1,17-18 68

PARTE II

2.1 A última chamada para escapar da desgraça no 'dia de Iavé':
    Sf 2,1-3 73
2.2 Sf 2,4-15: A concretização do 'dia de Iavé' nas desgraças para os
    povos vizinhos de Judá 86
    A concretização do 'dia de Iavé' na desgraça para os filisteus,
    a oeste, beneficiando o resto da casa de Judá: Sf 2,4-7 87
    As desgraças vindouras sobre as cidades filisteias: Sf 2,4 88
    As desgraças vindouras sobre os habitantes da confederação
    filisteia: Sf 2,5-6 91
    O resto da casa de Judá ocupará o território filisteu: Sf 2,7 93
    Desgraças para Moab e Amon, a leste, e salvação para o de Iavé:
    Sf 2,8-11 93
    Adoração de Iavé no meu lugar de moradia 96
    Desgraça para os cuchitas no sul: Sf 2,12 96
    Desgraças vindouras para a Assíria e Nínive, a norte: Sf 2.13-15 98
2.3 Desgraças vindouras sobre as elites urbanas de Jerusalém e
    anúncio de sua destruição: Sf 3,1-8 100
    Jerusalém: A cidade rebelde, manchada e tirana: Sf 3,1-5 100
    As elites urbanas de Jerusalém não têm futuro: Sf 3,6-8 109

PARTE III

3. A outra face do 'dia de Iavé': dia de purificação e de libertação:
    Sf 3,9-20 115
3.1 Purificação dos povos e o resto de Israel: Sf 3,9-13 115
    Todos os povos servirão a Iavé: Sf 3,9-10 116
3.2 A fotografia do resto de Israel: Sf 3,11-13 117

3.3 Convite à alegria e ao encorajamento e à reunificação dos
dispersos: Sf 3,14-20 120
Convite à alegria porque Iavé reina em Jerusalém: Sf 3,14-15 120
Apelo ao encorajamento porque Iavé é um herói que liberta:
Sf 3,16-17 121
Reunificação dos dispersos de Israel com renome e louvor em
toda a terra: Sf 3,18-20 122

CONCLUSÃO 125
REFERÊNCIAS BIBLIOGRÁFICAS 129

INTRODUÇÃO

Quando nós nos referimos ao número de textos tanto do Antigo como do Novo Testamento, nós os chamamos de livros. Isto facilita a nossa compreensão, mesmo sabendo que eles originalmente tinham a forma de rolo. Mas, chamar os três capítulos ou os 53 versículos do rolo de texto do profeta Sofonias de livro, é algo estranho para nós. O mesmo pode ser dito a respeito dos dois capítulos de texto do profeta Ageu ou de apenas um capítulo ou dos 21 versículos do profeta Abdias.

Chamar os três capítulos ou os 53 versículos de texto do profeta Sofonias de livro, torna-se ainda mais estranho, quando se leva em conta que nem todos os 53 versículos de texto são oráculos autênticos e genuínos do profeta Sofonias. Também seus oráculos ou seus pronunciamentos, em nome de Deus, para destinatários tão variados receberam, no decorrer de decênios e de séculos, diferentes releituras. Isto quer dizer que a palavra autêntica e genuína do profeta Sofonias, que atuou por volta dos anos 630 até 625 a.C., foi considerada muito importante por seus discípulos, seus seguidores e seus simpatizantes. Eles a conservaram com muito carinho e amor. Seus oráculos eram orientação e estímulo para seu círculo de discípulos, seguidores e admiradores. Seus pronunciamentos eram alimento para as suas vidas, eram a atualização e a concretização do Projeto de Iavé, eram o corrimão que os guiava pelos caminhos da vida.

A palavra de Iavé, mediada pelo profeta Sofonias, cresceu sensivelmente de importância e gerou um impacto extraordinário quando seu conteúdo, nem vinte anos após seu pronunciamento, já começou a se realizar e a se cumprir. Assim em 612 a.C. Nínive foi arrasada e o império assírio deixou de existir. Em 604 a.C. o exército de Nabucodonosor conquistou as cidades filisteias e houve muita destruição, morte e exílio. Um pouco mais tarde, em 597 e em 587 a.C., o reino de Judá foi riscado do mapa, a capital Jerusalém foi demolida e queimada e sua população foi morta, exilada e dispersada. Em vista de tudo isto, não corresponde melhor à realidade chamar os 24 versículos, ora mais ora menos dependendo dos biblistas, de 'manifesto' ou de 'panfleto' do profeta Sofonias. É opinião comum da grande maioria dos pesquisadores do texto sofoniano que aproximadamente a metade dos 53 versículos do livro do profeta Sofonias pode ser atribuída ao profeta Sofonias. Os demais versículos são releituras, isto é, concretização e atualização da palavra autêntica do profeta Sofonias por outros redatores, em épocas e situações diferentes na história do povo de Israel e com finalidades variadas.

Neste comentário dos três capítulos de texto, no entanto, vai ser conservada a linguagem já consagrada. Eles formam o livro do profeta Sofonias. Por outro lado, é evidente que nós vamos ler, estudar e comentar os 53 versículos do livro do profeta Sofonias de modo sincrônico e diacrônico. Estaremos muito atentos para perceber e descobrir a palavra legítima de Deus, proferida pelo profeta Sofonias, e as releituras posteriores dos seus oráculos, em forma de adições menores e maiores.

O comentário do livro do profeta Sofonias que segue, tem este sumário. Primeiramente nós vamos tomar conhecimento do livro do profeta Sofonias através do título 'questões introdutórias'. Neste ponto nós queremos nos familiarizar com a pessoa e o nome do profeta Sofonias, com seus antepassados e com sua origem étnica e religiosa. Nós temos uma enorme curiosidade em saber quando ocorreu sua vocação ao profetismo e em que época ele atuou como profeta. É evidente que é necessário conhecer o contexto econômico, social, político, religioso e cultural em que viveu como um membro atuante e influente do povo de Israel. É lógico que nos interessa muito confrontar-se com o conteúdo de sua profecia, a quem ele se dirigiu, quem conservou seus oráculos e os escreveu. Iremos também nos debruçar sobre o livro do profeta Sofonias para percebermos sua estrutura literária, seu jeito de falar, sua terminologia específica, suas expressões preferidas e sua compreensão do Deus Iavé e sua opção por ele. Nós igualmente vamos nos perguntar sobre o processo de formação do livro que chegou até nós.

O comentário dos 53 versículos que compõem o livro do profeta Sofonias está dividido em três partes. Cada uma delas está respectivamente subdividida em três grupos de textos.

Salvo algumas exceções, o comentário tem por base o texto bíblico da Bíblia de Jerusalém, edição do ano de 2002. Em vista disso, quando se cita literalmente qualquer texto bíblico, para destacá-lo, ele se encontra em itálico. O nome do Deus do Antigo Testamento é transcrito nas citações literais por 'Iahweh'. No nosso texto ele é simplificado e transcrito por 'Iavé'.

Vários autores me auxiliaram na redação deste comentário. Mas estive em diálogo constante com o exegeta alemão Hubert Irsigler, através de seu comentário volumoso de 440 páginas[1]. Eu tive um encontro pessoal com ele em Freiburg e trocamos ideias sobre vários temas presentes no livro do profeta Sofonias.

Eu agradeço a Deus que, no seu Espírito, me guiou, me iluminou e me deu perseverança até a elaboração final deste comentário. Às leitoras e aos leitores desejo um encontro intenso com o profeta Sofonias e a vivência de seu conteúdo profético, especialmente do seu apelo **Procurai a Iahweh! Procurai a justiça e a pobreza!**

---

[1] IRSIGLER, Hubert. *Zefanja*, HThKAT. Freiburg, Basel, Wien: Verlag Herder, 2002.

QUESTÕES INTRODUTÓRIAS SOBRE O LIVRO DO PROFETA SOFONIAS

Sob este título queremos tratar de certos assuntos que poderão nos ajudar a compreender melhor o conteúdo do livro do profeta Sofonias. Esses temas, de fato, visam ser uma introdução a este livro profético e uma familiarização maior com ele. Julgamos ser importante ter informações sobre a pessoa do profeta, seus antepassados e sua origem; sobre o contexto histórico e o tipo de sociedade na qual viveu e atuou; sobre a sua mensagem e os endereçados de seus oráculos. Depois da apresentação dessas questões introdutórias, segue a análise do texto do livro do profeta Sofonias, perícope por perícope, destacando o conteúdo e os assuntos da profecia sofoniana para nós, hoje. Na primeira abordagem, nossa preocupação gira em torno do livro como ele atualmente se encontra nas nossas bíblias e vamos lê-lo, estudá-lo e comentá-lo de modo sincrônico. A explicação e a interpretação do texto do livro serão feitas através da leitura diacrônica, isto é, levando em consideração a época da gênese do texto, destacando o contexto literário e distinguindo as camadas literárias do texto.

1. Importância e atualidade da profecia de Sofonias

O livro do profeta Sofonias contém apenas três capítulos, ou seja, 53 versículos. No conjunto dos doze profetas 'menores', ele se encontra em nono lugar nas nossas bíblias, isto é, entre os livros dos profetas Naum e Habacuc, que o precedem e são considerados pré-exílicos, e os escritos dos profetas Ageu, Zacarias e Malaquias que o seguem e são tidos como pós-exílicos. A profecia de Sofonias, portanto, se situa na passagem do período pré-exílico para o exílico e pós-exílico. Esse período é um dos mais dramáticos da história do povo de Israel. Durante esse tempo, aconteceram a conquista da capital Jerusalém pelos babilônios, a destruição desta cidade e do templo bem como a deportação de um número considerável de israelitas, especialmente da elite, para a Babilônia, o fim da autonomia política, econômica, cultural e religiosa, a morte de muitos israelitas e a fuga de um bom grupo de israelitas para o Egito (cf. Sl 137).

Apesar do livro de Sofonias conter apenas três capítulos e durante décadas não ter recebido a devida atenção por parte dos pesquisadores bíblicos, isto não é nenhum atestado a respeito da sua pouca importância. Pelo contrário. H. Irsigler[2] destaca que entre os anos 1972 a 1999 surgiram nada menos do que catorze monografias substanciais e quatro comentários sobre esse livro profético. E, além disso, continua, para H. Irsigler[3] muito acertada e atual a afirmação do reformador protestante de Estrasburgo, França, Martin Bucer, na introdução ao seu comentário sobre o livro de Sofonias, em 1528, quando chamou esse livro profético de um verdadeiro compêndio do anúncio e do ensinamento dos profetas. Porque aqueles assuntos que os respectivos profetas tratam, encontram-se igualmente no livro de Sofonias, de modo resumido e sintético. A forma breve como o livro de Sofonias aborda os conteúdos centrais dos profetas do AT induziu dois exegetas modernos a considerar esse livro um "microcosmo profético"[4].

2. Sofonias: Profeta protegido por Iavé – A mensagem central do livro

a) A leitura sicrônica do livro revela uma série de assuntos interessantes que, analisados e comentados, podem destacar a mensagem central do livro do profeta Sofonias, seus conflitos e suas esperanças. O nome do Deus do povo de Israel, Iavé, aparece em todo o livro, do início ao fim, umas trinta vezes. Mas já em Sf 1,1, que é uma espécie de título do livro, não só aparece explicitamente o nome Iavé, mas várias pessoas têm nomes, cujo final *Ia* é a parte inicial do tetragrama divino *Ia<vé*. Assim surgiram os nomes compostos em hebraico ***Tzefan>ia, Gedal>ia, Amar>ia, Isqui>a*** e ***Iochi>ia.*** Portanto, só no v. 1 o nome Iavé aparece seis vezes, uma vez completo e cinco vezes compondo um nome de pessoa. Certamente

---
[2] *Ibidem*, p. 36.
[3] *Ibidem*, p. 33.
[4] DIETRICH, Walter/SCHWANTES; Milton (Org.). ***Der Tag wird kommen. Ein interkontextuelles Gespräch über das Buch des Propheten Zefanja***. SBS 170, Stuttgart: Verlag Katholisches Bibelwerk, 1996, p. 7 (prefácio).

devia ser uma grande honra para qualquer israelita ser portador do nome de Iavé, o Deus Libertador dos hebreus do Egito. Não só no início do livro o nome do Deus Iavé aparece com intensidade, mas também no seu centro. Aí topamos com Iavé neste insistente apelo: **Procurai a Iahweh** (Sf 2,3). No fim do livro, ele é chamado de **herói que liberta** (Sf 3,17) e aparece na última frase em Sf 3,20, concluindo todo o livro. Como no êxodo dos hebreus do Egito, ele, em Sf 3,18s, vai reunir os que foram afastados da festa da vida, libertando a 'mulher manca', que foi paralisada e feito paralítica, e vai reunir a 'mulher marginalizada', desprezada e dispersa, concedendo-lhe louvor e renome em toda a terra. É o Deus Iavé novamente em ação transformando pessoas sem existência mínima e sem dignidade em sujeitos na história. No v. 19 não podem passar despercebidos esses dois termos hebraicos no feminino como em Mq 4,6s. Não há dúvida de que o livro de Sofonias quer ser testemunha do Deus Iavé, que mais uma vez vai intervir na história reintegrando aquelas pessoas que na sociedade foram excluídas da festa da vida.

b) A primeira palavra do livro de Sofonias é **dabar** que normalmente é traduzida por 'palavra'. Os redatores finais do livro entenderam e passaram para a posteridade todo o livro de Sofonias como 'palavra de Iavé'. Isto também se verifica em Sf 3,20 na última frase do livro: **disse Iahweh.** Assim todo o livro de Sofonias é palavra de Iavé. **Dabar,** no entanto, não significa só 'palavra', mas também pode ser traduzido por 'ação, acontecimento, fato'. Em vista disso, o livro do profeta não só é testemunho do que Iavé falou, dos seus oráculos, mas também de suas ações e feitos na história. As ações de Iavé são também formas de falar e de se comunicar de Iavé. Como nenhum profeta anterior a ele, Sofonias anuncia que Iavé vai agir não só no Reino de Judá, mas também entre os povos através da sua intervenção histórica que ele chama de 'dia de Iavé'. Este assunto perpassa todo o livro e com muitos detalhes.

c) O livro do profeta Sofonias apresenta Iavé de modo ativo, libertador, dinâmico e sujeito da história. Ele, com insistência, destaca esta característica de Iavé, pois há 'senhores' **'anachyin** em Jerusalém que possuem muita riqueza, casas e vinhas, e consideram Iavé um Deus ocioso, neutro, distante, indiferente e extraterrestre que **não pode fazer nem o bem e nem o mal** (Sf 1,12s). Esses senhores de Jerusalém se relacionam com Iavé apenas de modo nocional e teórico. Em vista disso, Sofonias deve lutar pela verdadeira imagem de Iavé, cuja fé e seguimento, implicam eticamente na vivência do direito e da justiça. É dentro deste contexto que devemos entender a exortação séria e urgente de Sofonias: **Procurai a Iahweh ... Procurai a justiça, procurai a pobreza: talvez sejais protegidos no dia da ira de Iahweh** (Sf 2,3).

Esta mesma crítica Sofonias dirige à elite opressora de Jerusalém. Ela **não confiou em Iahweh, não se aproximou de seu Deus** (Sf 3,1), além de denunciá-la de rebelde e manchada de sangue. Os endereçados de sua denúncia são grupos bem concretos, responsáveis pelas últimas instâncias do poder político, como os **ṣaryim,** os 'príncipes' e os chefes das repartições públicas administrativas, como os **chopetyim,** os ' juízes'. Estes são apoiados por grupos mais ligados à religião javista, como os **nebe'yim,** os 'profetas profissionais', assessores no governo e os **kohanyim,** os 'sacerdotes' responsáveis pelo ensino religioso pautado no decálogo (Sf 3,1-4). Alguns desses grupos voltam a ser denunciados em Sf 1,8s, como os 'príncipes'. Estes são aqui relacionados aos 'filhos do rei'. Estes dois grupos devem ser os detentores dos mais altos cargos políticos. Os primeiros podiam, segundo H. Irsigler[5], ter exercido funções da máxima responsabilidade, tanto no setor civil como militar. As pessoas portadoras do título 'filhos do rei' não necessariamente deviam fazer parte do parentesco real. Também pessoas civis poderiam pertencer ao grupo chamado 'filhos do rei'. O que, no entanto, lhes é comum, segundo H. Irsigler[6] é a função de oficiais da polícia no Reino de Judá. Eles vigiam as pessoas, controlam suas manifestações públicas e censuram o que não lhes convém. Na função de polícia secreta, eles espionam sobretudo a vida dos profetas, como a do profeta Miqueias ben Jemla em 1Rs 22,26 e a do profeta Jeremias em Jr 36,26; 38,6. A estes dois grupos são associados **os que se vestem com roupas estrangeiras**. Estes são certamente israelitas que abdicaram de sua identidade nacional e religiosa javista e aderiram, tanto interna e como externamente, ao sistema econômico, político, religioso e cultural dos assírios. Há também um grupo de pessoas com ritos ou costumes estranhos, como **pular o degrau** ou soltar por cima do **umbral da porta.** E, finalmente, Sofonias denuncia o grupo **dos que enchem a casa de seu senhor com violência e com fraude.** A 'casa de seu senhor' significa aqui o palácio real, aqui eles recebem cobertura de outros grupos.

---

[5] IRSIGLER, H. p. 139.
[6] *Ibidem*, p. 141.

Alguns desses grupos e mais os de Sf 1,10s devem ser comerciantes de Jerusalém. Eles certamente dominam o comércio. E como não há nenhuma instância acima deles que possa frear sua ânsia de se enriquecer, eles são insaciáveis em seus lucros. Para todos esses grupos, Sofonias anuncia um destino comum: ***todo o povo de Canaã será destruído e aniquilado todos os que pesam a prata*** (v.11).

Em Sf 1,14-18 o profeta menciona um outro grupo de pessoas na expressão ***herói que grita*** (v. 14). Para esse grupo o 'dia de Iavé' será ***dia de trombeta e do grito da guerra contra as cidades fortificadas e contra as ameias elevadas*** (v.16). Não parece haver dúvida de que Sofonias esteja se referindo aos militares e ao exército. São estes que defendem o sistema de exploração acima descrito, com violência e agressão, protegendo as cidades fortificadas e as ameias elevadas. No 'dia de Iavé', no entanto, tanto o soldado valente como o exército guerreiro serão derrotados.

No livro do profeta Sofonias, os oráculos de Deus não se restringem apenas aos diversos grupos de israelitas, mas eles têm também uma dimensão universal. A intervenção de Iavé no seu grande dia não atinge somente os habitantes do Reino do Sul, mas afeta a humanidade inteira e todos os seres criados. Isto não só aparece já em Sf 1,2s, onde é anunciado que Iavé ***suprimirá tudo da face da terra*** (v. 2). Mas também no centro do livro, em Sf 2,4-15, nos oráculos contra as nações. Estes se dirigem às nações nos quatro pontos cardeais: a oeste, aos filisteus (Sf 2,4-7), a leste, a Moab e Amon (Sf 2,8-11), ao sul, aos cuchitas (Sf 2,12) e ao norte, aos assírios (Sf 2,13-15). Isto quer dizer que a ação de Iavé é um acerto de contas com, principalmente, as elites de todas as nações que estão no poder. Sua prepotência e arrogância, seu endeusamento e seu orgulho estão sintetizados no oráculo contra Nínive, a capital dos assírios: ***Esta cidade alegre que habitava em segurança, que dizia em seu coração: 'Eu e mais ninguém!'*** (Sf 2,15). Os rastros da ação arrasadora de Iavé contra os comerciantes filisteus e a elite política e econômica assíria são a transformação das cidades filisteias e de Nínive em pastagens para ovelhas e cabras e onde animais e aves repousarão tranquilamente. Dos cuchitas se diz que serão transpassados pela espada de Iavé. E aos moabitas e amonitas são anunciadas coisas terríveis: ***Moab será como Sodoma; e os filhos de Amon como Gomorra: um terreno de cardos, um montão de sal, um deserto para sempre*** (Sf 2,9). E também no fim do livro de Sofonias, no seu último versículo, Sf

3,20, mais uma vez são mencionados os povos da terra. A mensagem sofoniana é, de fato, universal.

d) Há também uma mensagem de esperança para os israelitas e as populações das nações do mundo inteiro? No livro do profeta Sofonias a esperança está fermentando numa palavrinha: *Talvez.* No oráculo Sf 2,1-3, que é uma espécie de ultimato, Sofonias dá evasão de sua esperança: *Buscai a Iahweh vós todos, os pobres da terra [...] Procurai a justiça e procurai a pobreza: talvez sejais protegidos no dia da ira de Iahweh.* O grupo dos 'pobres da terra' está em claro conflito e oposição com os grupos instalados em Jerusalém e em outras cidades dos povos vizinhos de Israel, já acima mencionados. Estes se afastam de Iavé ou o consideram um Deus ocioso, impotente e incapaz de agir: *Iahweh não pode fazer nem o bem nem o mal* (Sf 1,12); eles exploram os pobres e marginalizam os fracos na sociedade. O acerto de contas como eles será tremendo e serão destruídos. Em seu lugar vão sobrar os 'pobres da terra': *Naquele dia ... afastarei de seu seio teus orgulhosos fanfarrões ... Deixarei em teu seio um povo pobre e humilde, e procurará refúgio no nome de Iahweh, o resto de Israel. Eles não praticarão mais iniquidade, não dirão mentiras; não se encontrará em sua boca língua dolosa. Sim, eles apascentarão e repousarão, sem que ninguém os inquiete* (Sf 3,11-13).

No livro de Sofonias a esperança não conhece barreiras. Também um resto sobrará entre as populações das nações. Estes receberão 'lábios puros', isto é, eles serão transformados, para poder invocar o nome de Iavé: *Do outro lado dos rios da Etiópia, os meus adoradores trarão a minha oferenda* (Sf 3,10). Além desses grupos, também haverá adoradores de Iavé em todas as ilhas das nações: *Quando Iahweh suprimir todos os deuses da terra, prostrar-se-ão diante dele cada uma em seu lugar, todas as ilhas das nações* (Sf 3,17). No livro de Sofonias Iavé é apresentado como um 'herói libertador' (Sf 3,17), ativo, dinâmico, agente na história, por isso ele eliminará todos os opressores e libertará a 'mulher manca e desprezada' (Sf 3,19), isto é, as pessoas deixadas de lado e que na sociedade são descartáveis. Aqueles e aquelas que até agora habitavam em Jerusalém e no monte Sião, a parte mais fortificada e militarizada, vão ser substituídos por um povo pobre e humilde, a quem Iavé mesmo dará renome e louvor (Sf 3,19s). A profecia no livro de Sofonias, portanto, denuncia os grupos que não buscam a Iavé e não se orientam pelos princípios do direito, da justiça e da pobreza. Suas orgias bacanais terão um fim. Mas, para as suas vítimas, que buscam Iavé, sua justiça e pobreza, há esperança de futuro, elas vão finalmente participar da festa da vida. Entre essas pessoas podemos contar, com toda a certeza, o profeta Sofonias, seus discípulos e suas discípulas, seus admiradores e suas admiradoras, de cujos anseios e utopia ele é porta voz e testemunha.

3. Temas proféticos para debate e aprofundamento

Os elementos essenciais da pregação dos profetas são, de fato, também conteúdo da profecia sofoniana como os oráculos de desgraça contra seu próprio povo e contra outras nações. Para H. Irsigler[7], os oráculos de desgraça contra Judá e Jerusalém encontram-se em Sf 1,4-16; 2,1-3; 3,1-8 e contra as nações vizinhas em Sf 2,4-15 bem como contra nações e reinos em Sf 3,8. Mas também pode-se constatar oráculos de salvação para um resto do povo de Israel em Jerusalém em Sf 3,11-13 bem como promessas de salvação para Jerusalém em Sf 3,14s e 3,16s. O livro de Sofonias termina com a promessa da libertação e da reunificação do povo disperso pelo mundo em Sf 3,18-20.

1) A fim de ressaltar mais ainda a importância e a atualidade da profecia sofoniana, H. Irsigler[8] destaca seis temas centrais no livro deste profeta que são verdadeiros impulsos para a reflexão teológica e a prática da fé. A temática sobre o 'dia de Iavé' perpassa todo o livro. Este 'dia de Iavé' é descrito como uma intervenção concreta de Deus na história, universalizada através de um julgamento definitivo das pessoas, dos povos e da criação inteira em Sf 1,2s; 1,17s; 3,8. Estas perícopes tematizam a questão teológica do fim dos tempos e de um julgamento universal. O 'dia de Iavé' na profecia sofoniana não tem só o aspecto negativo de um dia terrível, sintetizado em Sf 3,8, mas possui uma faceta positiva como um dia de purificação e de salvação para Jerusalém e os povos em Sf 3,9-20.

2) Um outro tema é abordado em Sf 1,4s; 1,8s e se relaciona com a inculturação da fé no Deus Iavé no país de Israel dominado pela economia, religião e cultura dos assírios no século VII a.C. Onde encontram-se os limites da inculturação da fé javista e onde inicia o sincretismo religioso que falsifica e desvirtua a fé javista? Este assunto continua ainda hoje muito atual.

---

[7] IRSIGLER, *Zefanja*, pp 33s.
[8] *Ibidem*, pp. 34-36.

3) Um outro assunto, aliás, criticado e denunciado pelo profeta Sofonias em Sf 1,12s, poderia ser chamado de ateísmo prático. Ele se expressa na atitude de pessoas que acreditam teoricamente na existência de Deus, mas duvidam da sua intervenção e da sua ação na história e até as negam. Parece que são pessoas da alta sociedade que ***dizem em seu coração: Iahweh não pode fazer nem o bem e nem o mal*** (v. 12). A imagem e compreensão de um Deus distante, fora do mundo e alheio aos problemas das pessoas conserva infelizmente sua atualidade em nossos dias.

4) Um outro tema com que o profeta Sofonias se depara em Sf 2,11 e em 3,9s se refere à relação entre a religião particular e nacional e a religião que transcende as barreiras da nação, raça e cultura. E nesta questão Sofonias parece estar pessoalmente envolvido. Porque em Sf 1,1 ele é apresentado como filho de Cusi. Ora os cuchitas, tanto na profecia sofoniana como nas demais partes da Bíblia, são concretamente os núbios no sul do Egito. E entre os cuchitas ou núbios ou etíopes há pessoas que creem no Deus Iavé e o seguem. Para eles há um oráculo de salvação em Sf 3,9s. Mas, para eles há também um oráculo de condenação em Sf 2,12.

5) O tema tratado em Sf 2,1-3; 3,11-13 é de grande atualidade, especialmente para a teologia da libertação na América Latina. O conteúdo destas passagens é a busca da justiça e da pobreza pelos empobrecidos. Ao comentar essas passagens, o exegeta alemão N. Lohfink escreveu: "O livro de Sofonias é o início de todo o diálogo da Igreja dos pobres e da Igreja pobre ..."[9]. E sobre elas o biblista brasileiro M. Schwantes escreveu um artigo[10].

6) Um outro tema, presente no livro de Sofonias em Sf 3,14-20, poderia ser intitulado de 'Jerusalém, a cidade de Deus'. A capital israelita está plena de Deus, por causa da presença nela do seu rei, o Deus Iavé. A teologia urbana da presença de Deus na cidade é retomada e ampliada em Ap 21,1-22,5 na descrição da Jerusalém celeste.

Esses temas teológicos, presentes no livro do profeta Sofonias, são por ora uma amostra grátis. Eles serão retomados, aprofundados e ampli-

---

[9] LOHFINK, Norbert. 'Zefanja und das Israel der Armen", ***Biki*** 39, 1984, pp. 100-108, especialmente p. 108.

[10] SCHWANTES, Milton. "Jhwh hat Schutz gewährt. Anmerkungen zum Buch des Propheten Zefanja", In: Idem/W. Dietrich (Org.), ***Der Tag wird kommen. Ein interkontextuelles Gespräch über das Buch des Propheten Zefanja***, SBS 170, Stuttgart: 1996, pp. 134-153.

ados quando as respectivas perícopes serão estudadas e analisadas em pormenores.

4. Estrutura do livro de Sofonias

O livro do profeta Sofonias, como ele se encontra em nossas bíblias, é geralmente subdividido em três partes, correspondendo aos conteúdos mais importantes do mesmo. Sf 1: Oráculos contra os habitantes de Jerusalém e de Judá. Sf 2: Oráculos contra as populações dos povos. Sf 3: Oráculos de salvação. As diferenças entre os pesquisadores desse livro se manifestam na delimitação das perícopes dos respectivos três capítulos que tratam dos diferentes temas[11]. Há apenas alguns exegetas que subdividem o livro de Sofonias em quatro partes[12]. A estrutura que adotamos é tripartite. Esta parece se adaptar melhor ao formato do texto e aos assuntos que o livro de Sofonias contém.

O biblista E. Zenger esquematiza as três partes que ele, aliás, assume de outros peritos, especialmente de N. Lohfink[13]. A composição das respectivas partes segue a forma de círculos, interligados entre si através de palavras-chave afins. A primeira parte compreende a unidade literária Sf 1,2-18 que ele esquematiza desse modo[14]:

A: 1,2s: Destruição universal – Eu (Iavé)
B¹: 1,4-6: Destruição dos idólatras de Judá e Jerusalém por Iavé – Eu (Iavé)
B²: 1,7: Proximidade do dia de Iavé – 3ª pessoa (observador)
C¹: 1,8s: Destruição dos líderes de Jerusalém – Eu (Iavé)
C²: 1,10s: O dia de Iavé em Jerusalém – 3ª pessoa (observador)
B´¹: 1,12s: Destruição dos ricos de Jerusalém - Eu (Iavé)
B´²: 1,14-16: Proximidade do dia de Iavé – 3ª pessoa (observador)
A´: 1,17s: Destruição universal – Eu (Iavé).

---

[11] ZENGER, Erich et al. *Introdução ao Antigo Testamento,* São Paulo: Loyola, 2003, pp. 522-525; IRSIGLER, H. *Zefanja*, pp. 36-49; IRSIGLER, Hubert. *Zefanja, Zefanjabuch.* I. Altes Testament, *LThK X,* Freiburg/Basel/Rom/Wien: 2001, pp. 1392-1394.
[12] IRSIGLER, H. *Zefanja*, p. 41.
[13] LOHFINK, Norbert. "Zefanja und das Israel der Armen", pp. 103-106.
[14] ZENGER, E. *Introdução ao Antigo Testamento*, p. 523.

Neste esquema percebe-se melhor que há um centro, os vv. 8-11, e duas vozes que falam alternadamente: Iavé e o observador. Iavé, por sua vez, proclama sua intervenção no mundo, em Judá e em Jerusalém, motivada pelos pecados dos habitantes de Judá e de Jerusalém. A voz do observador anuncia que sua intervenção acontecerá no 'dia de Iavé' que está próximo.

O que cabe fazer em face do que está por vir? A resposta é: buscar a Iavé, buscar sua justiça e pobreza. Vivendo-se assim, 'talvez' é possível escapar do furor de Iavé. Assim já estamos entrando na segunda parte do livro de Sofonias que E. Zenger esquematiza dessa maneira[15]:

A: 2,1-3: A última chamada: Os pobres buscam Iavé – Contraste com 3,1-5
B^1: 2,4-7: O 'dia de Iavé' na Filisteia – vizinhos a oeste
B^2: 2,8-10: O 'dia de Iavé' em Moab e Amom – vizinhos a leste
C: 2,11: O 'dia de Iavé' nas ilhas e conversão a Iavé – Destruição dos deuses
B´^{1}: 2,12: O 'dia de Iavé' em Cuch – vizinhos ao sul
B´^{2}: 2,13-15: O 'dia de Iavé' na Assíria e Nínive – vizinhos ao norte
A´: 3,1-5: Os ricos de Jerusalém já estão 'mortos' – Ai (lamentação fúnebre).

O esquema da segunda parte do livro de Sofonias, Sf 2,1-3,5, relata a concretização da fúria de Iavé no 'dia de Iavé' em todos os povos, exemplificada em alguns. Esperança de escapar do furor do 'dia de Iavé' só há para os 'pobres de Iavé', isto é, para os que procuram a Iavé e buscam sua justiça e pobreza. No entanto, para as lideranças de Jerusalém, os príncipes, juízes, profetas e sacerdotes, não há mais salvação, pois são eles que causam a situação dos 'empobrecidos de Iavé'. Elas já estão 'mortas', para elas o profeta já canta uma lamentação fúnebre como num velório, apesar de Iavé morar entre elas como o justo, o amante do direito e a luz da aurora.

Para os povos não há mais chance de escapar do 'dia de Iavé'. Quando este, no entanto, se abater sobre as populações das ilhas, isto é, os povos mais distantes e às margens do orbe terrestre, surgirá uma esperança. Após a supressão dos deuses, que mantêm e legitimam sociedades opressoras e excludentes, haverá pessoas que se converterão a Iavé e o adorarão (v. 11). Este é o centro do esquema da segunda parte. A opção por Iavé de pessoas dos outros povos, sobre os quais o 'dia de Iavé' vai ainda se realizar, é espe-

---
[15] *Ibidem*, p. 523.

rada tanto pelos povos a oeste, Filisteia, e a leste de Israel, Moab e Amom (vv. 4-10), como pelos povos ao sul, Cuch, e ao norte de Israel, a Assíria e sua capital Nínive (vv. 12-15).

A terceira parte do livro de Sofonias, Sf 3,6-20, inicia com um retrospecto, porque o 'dia de Iavé', contra os povos já se realizou e agora se contempla os resultados da sua passagem furiosa contra as nações. E. Zenger esquematiza essa parte desta maneira[16]:

A: 3,6-8: Nações como testemunhas do 'dia de Iavé' contra Jerusalém – Sentença de Iavé
B: 3,9s: Conversão dos povos e peregrinação para Jerusalém – Invocação do nome de Iavé
C: 3,11: Realização do 'dia de Iavé' contra Jerusalém – Extermínio da elite jerusalemita
B´: 3,12s: Sobra do 'resto de Israel' – Iavé é seu refúgio
A´: 3,14-20: Jerusalém e Israel, o centro das nações – Iavé, o restaurador universal.

A terceira parte, Sf 3,6-20, começa com a sentença de Iavé, através da qual ele derrama seu furor contra os habitantes de Jerusalém no 'dia de Iavé' (vv. 6-8). Para isso ele convoca as nações como testemunhas. Em Sf 3,9s retratam-se as consequências para as nações após a realização do 'dia de Iavé', isto é, sua conversão a Iavé e sua peregrinação para Jerusalém. No centro do esquema, Sf 3,11, relata-se a realização do 'dia de Iavé' contra Jerusalém, exterminando sua elite. Assim, em Jerusalém só sobram os 'pobres de Iavé' que procuram apenas refúgio em Iavé (vv. 12s). Eles assim se tornam o paradigma para todas as nações (vv. 14-20).

Essas três partes estão enquadradas pelo título, Sf 1,1, com informações sobre a pessoa e a época do profeta Sofonias. E por uma fórmula de conclusão: **disse Iahweh** (Sf 3,20). Esta aponta para a fórmula introdutória: **Palavra de Iahweh, que foi dirigida a Sofonias,** [...].

O professor H. Irsigler[17], no entanto, diverge um pouco da estrutura do livro de Sofonias compreendida pelos exegetas acima mencionados. A divergência refere-se na delimitação final da segunda parte. Para ele, a segun-

---
[16] *Ibidem*, p. 525.
[17] IRSIGLER, H. *Zefanja*, pp. 40-44.

da parte abrange ainda a perícope Sf 3,6-8. E, por conseguinte, a terceira parte compreende o conjunto Sf 3,9-20. Quais são os seus argumentos?

a) Ele primeiramente constata que em Sf 1,18b e em Sf 3,8d há uma repetição, uma espécie de refrão, anunciando o julgamento universal. Por isso a conclusão da primeira parte em Sf 1,18b: ***No dia da cólera de Iahweh, no fogo do seu zelo toda a terra será devorada. Pois ele destruirá, sim, ele exterminará todos os habitantes da terra,*** é retomada na conclusão da segunda parte em Sf 3,8d que também anuncia o julgamento final e com quase as mesmas palavras: ***... para derramar sobre vós a minha cólera, todo o ardor de minha ira. Pois pelo fogo de meu zelo, será consumida toda a terra.*** Nestas duas passagens há, para ele, elementos linguísticos, literários, temáticos, formas de fala e de comunicação que indicam claramente o arredondamento final do processo de formação de um texto.

b) Um outro argumento de H. Irsigler[18] para delimitar a segunda parte de Sf 2,1 até Sf 3,8 ele encontra na correspondência em forma de contraste nas perícopes Sf 2,1-3 e Sf 3,1-8, especialmente em Sf 3,6-8. Na perícope Sf 2,1-3 o v. 3 contém uma tênue esperança de salvação, ***talvez sejais protegidos no dia da ira de Iahweh.*** Ele percebe algo parecido em Sf 3,7. O monólogo de Iavé deixa transparecer que ele contava com a conversão, ao menos de um resto, após a séria exortação em Sf 2,1-3 e a advertência da realização do julgamento dos povos em Sf 2,4-15. A esperança de Iavé se converteu em decepção, pois todas as suas tentativas de poupar a população de Jerusalém e de Judá diante da desgraça vindoura foram rejeitadas. Em vista disso, a ação de condenação de Iavé também atingirá a população israelita. E assim apenas a partir de Sf 3,8 a ação condenatória de Iavé se tornou universal. Em vista disso, Sf 3,6-8 é uma espécie de resumo, pois universaliza o julgamento de Iavé. Este não só afetará as nações vizinhas de Israel, mas inclui também a sua população. Se, portanto, o v. 8 ou a perícope Sf 3,6-8 é uma espécie de resumo, de ponto alto e de conclusão de Sf 2,1-3,5, como julga H. Irsigler[19], consequentemente, a unidade Sf 3,6-8 deve fazer parte do segundo bloco do livro de Sofonias.

c) Como para esse biblista o julgamento de Iavé só se torna universal em Sf 3,6-8, em vista disso, a terceira parte do livro de Sofonias, Sf 3,9-

---

[18] *Ibidem*, p. 42.
[19] *Ibidem*, p. 42.

20, interpreta os oráculos de desgraça dirigidos a todas as nações, inclusive à população do Reino de Judá, como um processo de purificação em vista de um futuro salvífico para as nações, Judá e Jerusalém. H. Irsigler[20] considera a ação salvífica de Iavé em forma de paralelo. A transformação atingirá primeiramente as nações em Sf 3,9 e depois Jerusalém será liberta dos 'orgulhosos fanfarrões' em Sf 3,11b. O início e o término de Sf 3,9-20 estão para ele relacionados, formando uma inclusão. Porque só em Sf 3,9 e em 3,20c emprega-se o plural *'amim* para designar as 'nações' ou os 'povos', no restante do livro usa-se o termo *gôy – gôym* (2,1.5.9.11.14; 3,6.8).

d) Além disso, o tema da 'vergonha' de Jerusalém diante dos povos aparece em Sf 3,18 *harpah* 'vergonha' e na glosa *baxtam* em Sf 3,19. Também o assunto da peregrinação dos povos para Jerusalém ou sua reunião nesta cidade em Sf 3,10 e Sf 3,18 une o início e o fim da terceira parte. E, finalmente, na unidade Sf 3,9-20 há uma simetria entre essas três realidades: 'povos' em Sf 3,9 + 'dispersos' em Sf 3,10 + 'Jerusalém' como endereçada em Sf 3,11s. A sequência agora inicia com 'Jerusalém' como endereçada em Sf 3,14.16 + 'dispersos' em Sf 3,19 + 'povos' em Sf 3,20. Essas observações todas revelam, para ele, que a perícope Sf 3,9-20 mostra uma outra faceta do 'dia de Iavé'. Do processo de julgamento condenatório dos povos e de Jerusalém em Sf 3,8 surgirá um julgamento de purificação dos povos em Sf 3,9-10 e de Jerusalém em Sf 3,11-13. Quando isto tiver acontecido, então Jerusalém será convidada a se alegrar e a se encorajar, pois Iavé estará em seu meio como rei (Sf 3,14-20). H. Irsigler resume o livro de Sofonias assim: "Toda desgraça e todo julgamento condenatório em Sf 1,2-3,8 se transformam em ação de graças e em salvação definitiva e assim escatológica em Sf 3,9-20"[21]. Em grandes linhas, H. Irsigler[22] estrutura o livro de Sofonias deste modo:

Sf 1,1: Título.
Sf 1,2-18: O julgamento de Deus de Judá e de Jerusalém em contexto com o 'dia de Iavé', ampliado em julgamento final universal.
Sf 2,1-3,8: Ameaça e exortação ao povo de Judá (2,1-3), fundamentadas

---

[20] *Ibidem*, pp. 42s.
[21] *Ibidem*, p. 43.
[22] *Ibidem*, pp 45-49.

na desgraça vindoura sobre os povos vizinhos (2,4-15), em cujo destino a capital Jerusalém está incluída, como finalidade e ponto alto do julgamento dos povos (3,1-8).

Sf 3,9-20: A outra face do 'dia de Iavé': o julgamento dos povos em 3,8 como julgamento de purificação e como virada para o futuro salvífico das nações, de Jerusalém e de Israel na diáspora.

5. O processo de formação do livro de Sofonias

a) O livro do profeta Sofonias teve um longo processo de formação. Várias pessoas, em momentos diferentes da história e em lugares diferentes, colaboraram no surgimento dele. Ele teve várias releituras, aplicando textos mais antigos para outras circunstâncias históricas. Entre os pesquisadores da profecia de Sofonias não há unanimidade na definição da origem histórica dos 53 versículos nos três capítulos desse livro. O exegeta alemão H. Irsigler[23] constata dois grupos quando tenta responder à pergunta: quais são os oráculos realmente proferidos pelo profeta Sofonias e que textos são acréscimos posteriores? Ele caracteriza um grupo de biblistas de 'maximalistas'. Estes atribuem o máximo possível de oráculos ao profeta Sofonias. Entre esses exegetas, destacam-se sobretudo N. Lohfink e M. Weigl. Para estes, Sf 1,2-3,15 remonta ao profeta Sofonias e nem só as unidades menores, mas até as composições supostas[24].

Outro grupo são os 'minimalistas'. Estes consideram o livro de Sofonias até uma pseudoepígrafe, do tempo pós-monárquico e pós-exílico, redigido por um redator de tendência apocalíptica que viveu na época do redator do livro de Daniel, pelos anos 200 a. C. O redator do texto do livro de Sofonias apenas se baseou em Sf 1,4ss e nos livros dos profetas Jeremias, Ezequiel e Deutero-Isaías (Is 40-55). Esses dois grupos, com seus respectivos argumentos, se digladiaram até uma década atrás.

O exegeta H. Irsigler, em seu comentário ao livro de Sofonias, do ano 2002, com mais uma dezena de colegas, tem uma opinião diferente. Para ele, nesse livro, há oráculos do profeta Sofonias do século VII a.C. e textos

---

[23] IRSIGLER, H. *Zefanja*, p. 58.
[24] LOHFINK, N. "Zefanja und das Israel der Armen", p. 102; BONORA, Antonio. ***Naum, Sofonias, Habacuc, Lamentações. Sofrimento, protesto e esperança,*** São Paulo: Paulinas, 1993, pp. 101s.

que surgiram mais tarde como adições da época exílica e pós-exílica[25]. Ele defende a tese de que o processo evolutivo e formativo do livro de Sofonias se compõe de quatro momentos historicamente distintos: dois pré-exílicos, um exílico e um pós-exílico. Vamos nos familiarizar com suas teses.

Os textos originais do livro de Sofonias são onze oráculos que, com quase toda a certeza, foram proferidos por esse profeta: Sf 1,4s.7.8s.10s.12s.14-16; 2,1-2.3d.4-6.12.13s; 3,1.3s[26]. Isto é, 24 dos 53 versículos que compõem o livro do profeta Sofonias. Esses oráculos, que o profeta Sofonias proclamou para grupos diferentes de pessoas, em circunstâncias diversas e em vários lugares, circulavam inicialmente de modo oral entre suas discípulas, seus discípulos, seus admiradores e seguidores. Eles foram então registrados por escrito, formando assim a primeira e mais antiga composição dos oráculos de Sofonias. O biblista H. Irsigler supõe que esta primeira redação dos oráculos de Sofonias tenha acontecido em Jerusalém, entre a primeira e a segunda deportação de israelitas para a Babilônia, entre 597 e 587 a.C.

Quais são seus argumentos? Ele é da opinião que a primeira coleção de oráculos tenha sido Sf 1,7-13, ou seja, Sf 1,7-9 + 1,10-13, cujo tema é a proximidade do 'dia de Iavé', e fora redigida por um discípulo, visando conservar e transmitir para as gerações futuras os pronunciamentos do profeta. O trabalho de redação e a junção dos vários oráculos conseguem-se perceber claramente pelas fórmulas de ligação nos vv. 8a.10a. e 12a.

Essa primeira e mais antiga coleção de oráculos foi ampliada e enquadrada pelos textos Sf 1,4s e 1,14-16 + 2,1-3. Esta última perícope contém a última chamada ao povo de Judá antes da intervenção do 'dia de Iavé'. E é exatamente em conexão com esta última advertência antes da realização do 'dia de Iavé' que o redator anexou, para ele, os oráculos acerca da ação furiosa de Iavé contra os filisteus, Sf 2,4-6, contra os cuchitas, Sf 2,12 e contra a Assíria e Nínive, Sf 2,13s. Neste contexto calha bem, para ele, o dito fúnebre a respeito da vinda encolerizada de Iavé contra os habitantes de Jerusalém em Sf 3,1.3-4b.

b) Do redator da coleção dos ditos proféticos deveria provir Sf 3,6-8 que igualmente se dirige contra os jerusalemitas. Esta perícope, que já é uma releitura, constata, num retrospecto histórico, os resultados da ação

---

[25] IRSIGLER, H. *Zefanja* pp. 59-71.
[26] *Ibidem*, pp.59s.

de Iavé na sua intervenção contra os povos. Vejamos agora bem concretamente como o 'dia de Iavé', anunciado por Sofonias, já se realizou na história contra alguns povos. Contra os ninivitas, o 'dia de Iavé' se revelou na destruição de sua capital no ano de 612 a.C. Ele se manifestou contra os filisteus na destruição de Ascalon em 604 a.C. O 'dia de Iavé', foi respectivamente concretizado pelo exército de Nabucodonosor como o instrumento nas mãos de Deus. Mesmo assim, após o anúncio da vinda do 'dia de Iavé' contra alguns povos e sua realização, cujas consequências podiam ser contempladas na destruição das cidades de Nínive e Ascalon, as lideranças jerusalemitas não aprenderam a lição e não levaram a sério a palavra de Iavé, proclamada por Sofonias. Portanto, a primeira e mais antiga composição de Sf 1,4-3,8 já devia ter sido escrita entre a primeira e a segunda conquista de Jerusalém pelo exército de Nabucodonosor, entre os anos 597 a 586 a.C. Porque a perícope Sf 3,6s parece já supor a ação desastrosa de Iavé na conquista de Jerusalém pelo rei Nabucodonosor em 597 a.C. e a deportação da sua liderança para a Babilônia. Então, Sf 3,8a seria o anúncio da nova intervenção de Iavé na segunda conquista de Jerusalém por Nabucodonosor com sua destruição: ***Por isso, esperai-me – oráculo de Iahweh – no dia em que me levantar como testemunha.*** Aliás, há textos de outros profetas que igualmente permitem supor uma outra ação punitiva das lideranças de Jerusalém pelo exército de Nabucodonosor, como por exemplo, Jr 21,1-7; 28-29; 37,6-10. E, por fim, Ez 22,23-31, um texto exílico, parece já supor a existência do texto Sf 3,1-4+6-8[27].

c) Os oráculos escritos de Sf 1,4-3,8 receberam acréscimos, na época exílica, por uma pessoa anônima que os biblistas chamam de redator deuteronomista. Uma adição é, para H. Irsigler[28], Sf 1,1 que transforma a coleção de oráculos de Sf 1,4-3,8 em palavra de Deus, mediada pelo profeta: ***Palavra de Iahweh, que foi dirigida a Sofonias ...*** Aliás, os redatores deuteronomistas não só releram, na época exílica, o texto pré-exílico de Sofonias, mas eles fizeram o mesmo com muitos outros escritos pré-exílicos. Assim é obra deles a criação dos títulos nos livros proféticos como em Os 1,1; Mq 1,1; Jl 1,1; Jr 1,1s. Alguns dados pessoais dos respectivos profetas com a indicação histórica da atuação deles são produção literária deles. Que os redatores deuteronomistas pertençam ao mesmo movimento

---

[27] ***Ibidem***, pp. 60s.
[28] ***Ibidem***, pp. 61s.

deuteronômico que, já antes do exílio, elaboraram principalmente Dt 5.12-28, percebe-se em vários acréscimos no livro de Sofonias. Em Sf 1,1 diz-se que o profeta Sofonias tem até um tataravô. Ora, isto deve aludir a Dt 23,8s, onde se afirma que, apenas na terceira geração, os egípcios terão acesso à assembleia de Iavé. O pai de Sofonias, chamado de Cusi, cujo nome pode ser relacionado com cuchita ou núbio ou etíope, já tem livre acesso à assembleia de Iavé.

Além disso, Sf 3,2 é também influenciado pela mentalidade deuteronomista como Jr 7,28. Nesses dois textos indica-se a mesma razão porque Judá e Jerusalém, e já anteriormente o Reino do Norte, faliram: eles não escutaram a palavra de Iavé e não aceitaram o seu ensinamento. O mesmo poderá ser dito da expressão 'deste lugar' em Sf 1,4b apontando para Jerusalém: **aniquilarei deste lugar ...** Ela se relaciona muito bem com Dt 12,3. E a maneira de se expressar em Sf 1,13: **eles construíram casas, mas não as habitarão, plantaram vinhas, mas não beberão de seu vinho,** recorda imediatamente Dt 28,30.39 (cf. Am 5,11). A doxologia em Sf 3,5 destaca a justiça de Iavé de modo semelhante como em Dt 32,4 (cf. Lm 1,18). Todas essas referências no livro de Sofonias ao Deuteronômio são, para H. Irsigler[29], adições deuteronomistas e do tempo do exílio.

Acréscimos exílicos do redator deuteronomista são ainda, para o exegeta H. Irsigler[30], Sf 2,8s, o oráculo de condenação contra Moab e Amom; e Sf 2,10 é ainda mais tardio. Sf 2,8s já recorda Ez 21,33 e 25,1-11. Como sabemos o profeta Ezequiel atuou durante o exílio de israelitas na Babilônia. O mesmo pode ser dito de Sf 2,15, o oráculo contra Nínive, pois depende de Is 47,8.10 que é também um texto exílico.

d) Para o biblista H. Irsigler[31] são adições pós-exílicas no livro de Sofonias a perícope Sf 3,11-13 que contém a promessa de um resto pobre e humilde em Jerusalém. Seu ideal de vida, sua mística e espiritualidade já estão presentes na exortação em Sf 2,3a. Além disso, um resto pobre e humilde em Judá é igualmente o assunto em Sf 2,7.9e-f. Deste resto se diz que ele estaria se expandindo tanto para o oeste como para o leste. Dessa mesma época são, para ele, as perícopes Sf 3,14-17, a convocação à alegria, e Sf 1,2s, que supõe a existência dos textos sacerdotais da criação do mun-

---

[29] **Ibidem**, p. 62.
[30] **Ibidem**, p. 63.
[31] **Ibidem**, pp. 63s.

do em Gn 1,1-2,4a e a descrição do dilúvio em Gn 6-9. O trecho Sf 1,17-18a é, para ele, uma releitura para uma outra época do texto Sf 1,14-16.

Os textos de cunho apocalíptico, Sf 1,18b-c; 3,8d; 3,9s; 2,11 certamente já supõem, para H. Irsigler[32], a época helenista por volta do ano 300 a.C. O último acréscimo é provavelmente a perícope Sf 3,18-20 e 3,10 que fala da reunião em Jerusalém do povo de Israel disperso pelo mundo. Este texto seria uma espécie de 'final feliz' para o povo de Israel espalhado pelos quatro cantos do mundo. Ele resume sua compreensão do processo de formação do livro de Sofonias assim: "O livro de Sofonias ... surgiu essencialmente num espaço de tempo do século VII até o século III a.C. As glosas em Sf 1,3 e 3,10, além disso, são do século II a.C.[33]

6. Sofonias: um profeta africano?

O nome hebraico ***tzefanya***, 'Sofonias' é a abreviação da forma mais longa do nome ***tzfanyahu***, 'Sofoniahu'. A forma mais longa do nome só aparece em Jr 37,3 e 2Rs 25,18. O nome Sofonias significa 'Iavé escondeu/ocultou para proteger', no sentido do Sl 27,5: **Pois ele me oculta na sua cabana no dia de infelicidade; ele me esconde no segredo de sua tenda, e me eleva sobre uma rocha.** O nome do profeta parece sintetizar toda a sua mensagem num programa cheio de esperança para aqueles e aquelas que procuram a justiça e a pobreza: **talvez sejais protegidos no dia da ira de Iahweh** (Sf 2,3b), isto é, escondidos, ocultados, abrigados e refugiados por Iavé (cf. Sf 3,12s). Este é o sentido do nome Sofonias. Para H. Irsigler[34] o nome Sofonias aparece em livros diferentes: Sf 1,1; Jr 21,1; 29,25.29; 52,24; Zc 6,10.14; 1Cr 6,21. Além disso, o nome Sofonias é, para ele, bem atestado em textos extra-bíblicos, sobretudo do século VIII ao VI a.C.[35]

No Antigo Testamento há quatro pessoas diferentes que têm o mesmo nome Sofonias. Primeiramente o profeta, Sf 1,1, a quem o livro de Sofonias é atribuído. Em segundo lugar, um sacerdote muito influente, é chamado de Sofonias, filho de Maasias (Jr 21,1; 29,25-29; 37,3; 52,24; 2Rs 25,18). Ele atuava no templo de Jerusalém durante o reinado de Sedecias

---

[32] *Ibidem*, p. 64.
[33] *Ibidem*, p. 65.
[34] *Ibidem*, pp. 84s.
[35] *Ibidem*, p. 85.

(597-587 a.C.). Além destes, um judeu importante, que voltou para Jerusalém do exílio na Babilônia, também é chamado de Sofonias (Zc 6,10.14). E, por último, aparece um senhor da família de cantores com o nome de Sofonias (1Cr 6, 18-21).

Para H. Irsigler[36], é muito estranho, no Antigo Testamento, o profeta Sofonias ter quatro gerações de antepassados, explicitamente citados. O nome do seu avô Godolias, do bisavô Amarias e do tataravô Ezequias são muito comuns no Reino de Judá. Esses três nomes são formados pela abreviação *ia* de *Ia*<vé, a primeira parte do nome do Deus Iavé. Assim Godol>*ia* quer dizer 'Iavé é grande', Amar>*ia* significa 'Iavé falou' e Ezequ>*ia* tem o significado de 'Iavé é forte'.

Há exegetas que pensam que Sofonias seja descendente do rei Ezequias. O motivo de relacionar o tataravô com o rei Ezequias estaria no fato de mencionar os dois reis que fizeram reformas muito importantes na vida do povo de Israel. O rei Ezequias (725-696 a.C.) encabeçou uma reforma religiosa e política na passagem do século VIII para o VII a. C. e o rei Josias (640-609 a.C.) fez o mesmo, na segunda parte do século VII a.C. Para H. Irsigler[37], no entanto, isto é muito pouco provável, pois Ezequias não é mencionado, em Sf 1,1, com o título de 'rei'. E na bíblia siríaca, a tataravô de Sofonias é chamado de Elequias. Portanto, o tataravô de Sofonias não é o rei Ezequias, relacionando o profeta com a nobreza davídica do Reino do Sul. A razão maior de mencionar três nomes javistas, como antepassados do profeta Sofonias, provém certamente de Dt 23,8s. Aqui se prescreve que apenas os egípcios da terceira geração de descendentes **terão acesso à assembleia de Iahweh** (v. 9). Isto, então, quer dizer que o pai de Sofonias, Cusi, é um judeu legítimo e fiel seguidor de Iavé, como atestam seus três antepassados com nome javista.

As observações feitas acima, sobre os três antepassados de Sofonias com nomes javistas, tinham como objetivo chamar a atenção para o fato estranho e único na indicação dos antepassados do profeta. E tudo isso parece ter sua razão de ser, pois o nome do pai de Sofonias é muito estranho. Em hebraico, ele se chama *kuchi.* A Bíblia de Jerusalém o translitera para Cusi. É Cusi, um nome de pessoa ou é ele um apelido para pessoas

---

[36] *Ibidem,* p. 86; BACHMANN, Mercedes Garcia. *"O 'Resto' em Sofonias: Os que unem o cultual com o ético" RIBLA 35/36,* 2000, pp. 224-230, especialmente pp. 224s.
[37] IRSIGLER, H. *Zefanja,* p. 86.

que tenham a pele parda ou mulata? Cusi como nome de pessoa, além de Sf 1,1, aparece ainda em Jr 36,14, onde se fala de um 'Selemias, filho de Cusi'. Só nestas duas passagens do Antigo Testamento, Cusi aparece como nome de pessoa. Aliás, Cusi, como nome de pessoa, só é, para H. Irsigler[38], ainda mencionado num selo hebraico que os arqueólogos datam no século VII ou VI a.C.

O termo hebraico **kuchi,** como um adjetivo ou um atributo de alguém, aparece mais vezes no Antigo Testamento no sentido de 'cuchita'. Este é um habitante ou descendente da região de Cuch, entre o Egito e o Sudão. Ele é, então, um 'núbio' ou um 'etíope'. Em 2Sm 18,21-32 um escravo de Joab é designado de 'cuchita'. Em Jr 38,7-13; 39,16-18 menciona-se um servo, cujo nome é Ebed-Melec. Ele é cuchita. Ele serve na corte no tempo do rei Sedecias (597-587 a.C.) e liberta o profeta Jeremias da cisterna, como um tipo de prisão. Jeremias se dirige ao cuchita Ebed-Melec com um oráculo de salvação. Em Nm 12,1 destaca-se o casamento de Moisés com uma mulher cuchita. E em 2Cr 14,8 fala-se de um chefe cuchita pertencente a um grupo tribal no sul da Palestina. H. Irsigler[39] acrescenta ainda que a 25ª. dinastia no Egito, entre os anos 750 a 664 a.C., era formada por pessoas da Núbia ou da Etiópia. Assim poderia ter havido relações diplomáticas, militares e comerciais entre os israelitas e as lideranças da 25ª. dinastia no Egito. Além disso, a presença de cuchitas é também atestada na Fenícia e no país de Aram.

Essas informações todas levam H. Irsigler[40] a aventar também a possibilidade de que o termo 'cuchita' poderia ter sido aplicado para alguém que tenha a pele parda ou mulata, como uma espécie de apelido. E isto seria, para ele, muito provável durante a existência da 25ª dinastia dos cuchitas ou núbios ou etíopes no Egito. Em 2Rs 18,21 diz-se que o rei Ezequias confiava no Egito na guerra contra os assírios. Ora, o Egito nesta época era governado pelos chuchitas. Então, pode-se deduzir que havia relações diplomáticas, militares, comerciais e culturais entre esses dois reinos. E assim era possível e normal a presença de cuchitas no Reino do Sul. Em vista disso, não é nada estranho e impossível que Godolias, o avô de Sofonias, tenha casado com uma mulher cuchita, cujo filho recebeu o

---

[38] *Ibidem*, pp. 86s.
[39] *Ibidem*, p. 87.
[40] *Ibidem*, p. 87; BALANCIN, Euclides M./STORNIOLO, Ivo. **Como ler O livro de Sofonias.** A esperança vem dos pobres, São Paulo: Paulinas, pp. 7s.

nome de 'Cusi'. Se isto for verdade, então Sofonias, filho de Cusi, poderia ter pele, aparência e sangue cuchita, núbio ou etíope. E assim ele poderia ser considerado de origem africana. Esta hipótese é corroborada pelo fato de que, no livro do profeta Sofonias, o termo 'cuch' aparece três vezes: Sf 1,1; 2,12; 3,10.

O que podemos deduzir das informações sobre os antepassados e a pessoa do profeta Sofonias? Parece-nos que primeiramente podemos concluir que o profeta Sofonias é uma pessoa muito importante. A importância de alguém pode ser medida pela sequência mais ou menos longa de antepassados. Ele é o único profeta do AT do qual conhecemos quatro gerações de ancestrais, nominalmente citados. Além disso, os nomes de três gerações de antepassados estão profundamente relacionados com o Deus Iavé, pois são nomes javistas: Godol>*ias,* Amar>*ias* e Ezequ>*ias.* Disto podemos supor que o profeta Sofonias, a partir de seus antepassados, conhecia muito bem o Deus Iavé, o Deus Libertador e o Deus do êxodo dos israelitas do Egito e procurava viver segundo o Projeto de Iavé. O nome de seu pai Cusi, 'cuchita', relaciona talvez o profeta Sofonias com o Egito, com sua origem africana. A partir de tudo isso, é bem provável e nada impossível de que o profeta Sofonias tinha uma grande intimidade e uma profunda vivência com o Deus Iavé, o Deus Libertador da escravidão egípcia. Este contexto religioso, familiar e cultural é certamente a fonte donde brotou sua vocação profética, colocando-se inteiramente ao serviço do Deus Iavé e tornando-se seu porta voz, para denunciar novas escravidões das lideranças israelitas em Jerusalém e no Reino de Judá. É esta origem israelita e cuchita de Sofonias que certamente o fez não só um profeta com o anúncio da busca da justiça e da pobreza e a denúncia das injustiças das lideranças e de certos grupos israelitas, mas também um porta voz internacional de Iavé com oráculos de desgraça para cidades da Filisteia (Sf 2,4-6), para os cuchitas (Sf 2,12) e para a Assíria e sua capital Nínive (Sf 2,13-14). Lamentamos aqui o silêncio a respeito das mulheres, com quem os ancestrais de Sofonias estavam casados.

O profeta Sofonias não diz nada a respeito do tempo em que ele atuou como profeta. Se for verdade que ele exerceu sua missão profética entre os anos 630 e 625 a.C., então pode-se supor que ele tenha nascido por volta do ano 650 a.C. Será que ele não atuava mais como profeta ou talvez já havia morrido quando o rei Josias enviou a delegação à profetisa

Hulda para consultá-la se o 'livro da Lei', encontrado no templo no ano 622 a.C., era legítimo e verdadeiro (2Rs 22,11-20)? Mas, por outro lado, é interessante que o rei Josias também não enviou a delegação para consultar o profeta Jeremias que neste tempo, com toda a certeza, atuava como profeta.

E, finalmente, podemos afirmar que o profeta Sofonias, com toda a certeza, fazia parte do movimento daqueles e daquelas que procuram a Iavé e buscam a justiça e a pobreza (Sf 2,3b) e deles é porta voz[41]. Isto vamos aprofundar mais adiante quando analisarmos a perícope, Sf 2,1-3.

7. Tempo e local de atuação

a) Em Sf 1,1 diz-se que o profeta Sofonias atuou no tempo do rei Josias (640-609 a. C.). No âmbito internacional, no Egito, há pouco, acabou a 25ª. dinastia cuchita ou núbia ou etíope que dominou o Egito, durante quase um século, desde 750 até 664 a.C. Ela teve fim quando os assírios invadiram a capital Tebas no ano de 664 a.C. (cf. Sf 2,12). O rei Ezequias (725-696 a.C.) teve relações diplomáticas, militares e comerciais com os cuchitas.

Na Mesopotâmia, a Assíria era a potência que dominava o mundo. Desde 733 a.C., o Reino de Judá, no tempo do rei Acaz (734-726 a.C.), tornou-se um país dominado pelos assírios e obrigado a pagar pesados tributos a eles. Em 622 a.C., no tempo do rei Josias, foi declarada a independência do Reino do Sul. Isto aconteceu porque, com a morte do rei assírio Assurbanipal (669-627 a.C.), em 627, a Assíria começou a entrar em decadência. Durante os cem anos de dominação assíria sobre a população israelita, esta foi fortemente influenciada pela economia, política, cultura e religião dos assírios, como nos atestam dois oráculos de Sofonias:

> *Estenderei minha mão contra Judá e contra todos os habitantes de Jerusalém, aniquilarei deste lugar o resto de Baal, o nome dos sacerdotes dos ídolos, os que se prostram nos telhados diante do exército dos céus, os que se prostram diante de Iahweh, mas juram por Melcom [...]. Acontecerá que, no dia do sacrifício de Iahweh, visitarei os príncipes, os filhos do rei e os que se vestem com roupas estrangeiras. Visitarei naquele dia, todos os que saltam o Degrau, todos os que enchem a casa de seu senhor com violência e com fraude* (Sf 1,4s.8s).

---

[41] SOARES, G. A. S. *"Sofonias, filho do negro, Profeta dos pobres da terra"*, RIBLA 3, 1989, pp. 21-25.

Contra a Assíria e Nínive, o profeta Sofonias tem mais um oráculo:

Ele estenderá a sua mão contra o Norte e destruirá a Assíria; fará de Nínive uma devastação, uma terra árida como o deserto. Em seu meio repousarão os rebanhos, animais de toda a espécie, até o pelicano, até o ouriço passarão a noite entre os seus capitéis, a coruja gritará na janela, e o corvo na soleira, porque o cedro foi arrancado (Sf 2,13s).

Nínive foi conquistada pelos babilônios em 612 a.C.

A dominação da Assíria sobre o Reino de Judá, durante o reinado de Manassés (696-642 a.C.), era sentida em todas as camadas sociais e afetou não só a religião oficial, mas até a piedade popular. O redator deuteronomista avalia esse rei como o mais idólatra e assassino de todos (2Rs 21,1-18). As escavações arqueológicas deste período, no entanto, nos informam que neste tempo havia uma certa calma na política e uma relativa prosperidade econômica; o mesmo também testemunham alguns oráculos de Sofonias. Em Sf 1,10s.12s mencionam-se a 'cidade nova' e os 'habitantes de Mactes' que eram bairros da cidade de Jerusalém bem como fala-se da 'riqueza, de casas e de vinhas' que serão destruídas. Esses oráculos de juízo se concretizaram em 597 e 587 a.C. quando os babilônios destruíram Jerusalém, seus muros, seu templo e suas casas, certamente em meio a 'gritos, urros e grande ruído' (Sf 1,10s).

Um marco muito importante para datar a atuação de Sofonias foi o encontro do Deuteronômio original no templo de Jerusalém. Ele, que já fora a base e a orientação da reforma religiosa e política no tempo do rei Ezequias, caiu no esquecimento durante o governo de Manassés e de seu filho Amon. Mas, no décimo oitavo ano do reinado de Josias (2Rs 22,3), isto é, em 622 a.C., o Deuteronômio original foi encontrado e tornou-se a base e a orientação para a reforma religiosa, política e econômica liderada agora pelo rei Josias. Quando ele foi assumido por esse rei, pelas lideranças e pelo povo como a constituição do Reino de Judá, deu-se o grito de independência da dominação da Assíria. Porque o programa básico do Deuteronômio original era a opção única e exclusiva por Iavé com a criação de uma sociedade sem empobrecidos e excluídos, cujos eixos são a fraternidade/irmandade e a solidariedade, a nível litúrgico e socioeconômico.

Esse contexto histórico como pano de fundo para datar a atuação do profeta Sofonias leva os pesquisadores a três diferentes opiniões. Para H.

Irsigler[42], um grupo é do parecer de que Sofonias exercera seu ministério profético em torno do ano 615 a.C. Os biblistas desse grupo julgam que a reforma do rei Joisas em 622 a.C. já estivesse obsoleta, por não ter sido levada a sério. Eles, além disso, atribuem Sf 1,4-6 ao redator deuteronomista. Um grupo maior de autores, no entanto, data a atuação de Sofonias durante o governo do rei Joaquim (609-598 a.C.). Eles argumentam que os oráculos contra as nações calhariam melhor neste tempo. O oráculo contra Moab e Amom (Sf 2,8-10) deve, para ele, já supor a dominação dos babilônios. Este pronunciamento deve ser relacionado com 2Rs 24,2, onde os babilônios incitaram também os moabitas e os amonitas a guerrear contra o Reino de Judá. A expressão 'o resto de Baal' em Sf 1,4 alude ao fracasso da reforma do rei Josias, pois esta visava erradicar toda a idolatria do território de Judá, mas no tempo do rei Joaquim pode-se ainda constatar um resto de idolatria. E Sf 1,2: **Iahweh não pode fazer nem o bem nem o mal** é interpretado por eles como decepção após o fracasso da reforma do rei Josias. Todos os argumentos desse grupo visam retardar, o máximo possível, a atuação de Sofonias e relacioná-la na época do domínio dos babilônios, já que a Assíria e Nínive deixaram de existir em 612 a.C.

Há ainda um terceiro grupo de exegetas. Estes datam a realização da missão profética de Sofonias durante o reinado de Josias (640-609 a.C.), partindo da indicação em Sf 1,1. Josias foi coroado rei aos oito anos de idade (2Rs 22,1) e durante sua juventude aconteceu a atuação de Sofonias. O essencial de sua profecia foi proferido antes da reforma do rei Josias em 622 a.C. Sofonias, portanto, deve ter nascido por volta do ano 650 a.C. e exercido seu ministério profético entre os anos 630 e 625 a.C. Isto é, após a morte do rei assírio Assurbanipal em 627 a.C. e antes da reforma do rei Josias em 622 a.C. H. Irsigler se inclui nesse grupo e para defender sua tese apresenta esses argumentos[43]. Os oráculos, Sf 1,4s, supõem ainda no Reino de Judá um culto sincretista de origem aramaica e assíria bem como um estilo de vida assírio na corte de Jerusalém (Sf 1,8s). Entre os endereçados da profecia de Sofonias nunca é mencionado o rei, mas aqueles que governam de fato como os 'príncipes, os filhos do rei' (Sf 1,8; 3,3s). Isto alude

---

[42] IRSIGLER, H. Zefanja, pp. 67s; ZENGER, E. **Introdução ao Antigo Testamento**, p. 519; BONORA, A. **Naum, Sofonias, Habacuc, Lamentações.** Sofrimento, protesto e esperança, São Paulo: Paulinas, 1993, pp. 99s.

[43] IRSIGLER, H. **Zefanja**, p. 69; BALAN

aos tempos da mocidade de Josias. Além disso, o oráculo Sf 2,12 contra os cuchitas, descrevendo a destruição da dinastia cuchita em 664 a.C. por Assurbanipal, se relaciona com o oráculo, Sf 2,13s que, com a morte de Assurbanipal em 627 a.C., anuncia o fim da Assíria e de Nínive e que acontecerá em 612 a.C.

Além disso, o oráculo Sf 2,4s, que descreve a destruição das cidades filisteias, foi certamente proferido por Sofonias quando elas ainda eram dominadas pelos assírios, nos anos 625 a.C.[44]. Elas depois serão temporariamente dominadas pelos faraós Psamético I (664-610 a.C.) e Neco II (609-595 a.C.). Elas, no entanto, serão conquistadas e destruídas por Nabucodonosor no ano 604 a.C.)[45]. Assim se concretizou a palavra de Deus, mediada por Sofonias, que não só Nínive seria destruída por Nabucodonosor (Sf 2,13s), mas também as cidades filisteias (Sf 2,4s). Isto parece ser confirmado por 2Rs 24,7: *O rei do Egito não saiu mais de sua terra, pois o rei da Babilônia havia conquistado, desde a Torrente do Egito até o rio Eufrates, tudo o que pertencia a rei do Egito.*

Em vista desses argumentos é óbvio que H. Irsigler[46] é contra a datação da atuação de Sofonias por volta do ano 615, pouco antes do fim da Assíria e de Nínive em 612 a.C. e, ainda mais tarde, durante o governo do rei Joaquim (609-598 a.C.), como afirmam esses dois grupos de exegetas. A expressão 'o resto de Baal' em Sf 1,4 não quer dizer, para ele, que a reforma de Josias tenha fracassado, pois há ainda um resto de culto a Baal em 615 a.C ou durante o governo de Joaquim, mas significa que Iavé quer destruir até todo e qualquer resto desse culto ao deus Baal. Além disso, o oráculo contra os moabitas e amonitas em Sf 2,8-10 calha, para ele, melhor no tempo do exílio e não é do profeta Sofonias, como atestam muito bem os textos exílicos em Ez 21,33 e 25,1-7. Também o oráculo Sf 1,12, que fala de um Deus passivo e indiferente, não é um reflexo devido à frustração da reforma de Josias, mas antes descreve a atitude arrogante e prepotente dos ricos em Jerusalém. E o oráculo Sf 1,8s, que supõe ainda a dominação assíria no Reino de Judá, seria pouco provável após a reforma de Josias em 622 a.C. Assim H. Irsigler, rebatendo os argumentos dos dois grupos de

---

[44] IRSIGLER, H. *Zefanja,* pp. 227-230.
[45] *Ibidem*, p. 228.
[46] *Ibidem*, pp. 68s.

biblistas referentes à datação da atuação de Sofonias por volta de 615 a.C. e mesmo mais tarde, reforça sua opinião e a de tantos outros exegetas de que Sofonias, de fato, tenha exercido sua missão profética entre os anos 630 e 625 a.C.

b) Pelos relatos autênticos de Sofonias pode-se deduzir que ele conhecia bem a cidade de Jerusalém, isto é, seus bairros, seus montes, o mercado de peixes e o local onde se comercializava a prata (Sf 1,10s). Ele distingue muito bem os altos mandatários civis, militares e religiosos de Jerusalém e de Judá como os príncipes, os filhos do rei (Sf 1,8), os juízes, os profetas e os sacerdotes (Sf 3,3s). Ele está bem familiarizado com a prática religiosa dos habitantes de Jerusalém. Ao lado do intenso sincretismo religioso deles (Sf 1,4s), há os que procuram a Iavé, sua justiça e pobreza (Sf 2,3b). Sofonias, no exercício de sua missão profética, se distancia dos profetas de Jerusalém que ele denuncia como **aventureiros e homens da traição** (Sf 3,4a). Estas ligações detalhadas de Sofonias com Jerusalém nos levam a deduzir, com H. Irsigler[47], que ele é um jerusalemita e que esta cidade foi o palco de seus oráculos proféticos. Surpreende-nos, no entanto, que Sofonias, nos seus oráculos, nunca se dirige às mulheres e nem as menciona furtivamente.

---

[47] *Ibidem*, p. 89.

COMENTÁRIO

PARTE I

1. Julgamento de Judá, de Jerusalém e do mundo por Deus no contexto do 'dia de Iavé': Sf 1,1-18

Esta parte pode ser subdividida, exceto Sf 1,1, em três grupos de textos: anúncio do julgamento do mundo, de Judá e de Jerusalém por Deus: Sf 1,2-6; anúncio do julgamento de vários grupos de líderes de Jerusalém por Deus como concretização do 'dia de Iavé': Sf 1,7-13; e a descrição do 'dia de Iavé': Sf 1,14-18.

1.1 Todo o livro do profeta Sofonias é Palavra de Deus

Palavra de Iahweh, que foi dirigida a Sofonias, filho de Cusi, filho de Godolias, filho de Amarias, filho de Ezequias, nos dias de Josias, filho de Amon, rei de Judá.

A importância e a abrangência do v.1 consistem no fato de que este versículo declara os 53 versículos nos três capítulos do livro de Sofonias como **palavra de Iahweh, dirigida a Sofonias.** Isto é reforçado pelo último versículo do livro do profeta em Sf 3,20. As últimas palavras do v. 20: **disse Iahweh.** Esta expressão não conclui apenas os oráculos anteriores, mas todo o livro do profeta Sofonias. Esta moldura de Sf 1,1 e Sf 3,20, que enquadra todo este livro profético, não distingue entre um texto de Sofonias e textos que surgiram em épocas posteriores e nem diferencia entre um oráculo que procede diretamente de Deus ou do próprio profeta. Toda a profecia sofoniana de Sf 1,1 até Sf 3,20 é qualificada como palavra de Deus, que irrompeu na história durante o reinado de Josias (640-609 a.C.), e cujos ecos perpassam os tempos até chegar a nós, hoje.

O primeiro versículo do livro do profeta Sofonias é muito semelhante a Os 1,1; Jl 1,1; Mq 1,1 e a Jr 1,1s e indica que a profecia sofoniana não é um fenômeno isolado, mas faz parte de um conjunto enorme de livros do AT que é chamado de literatura profética. As informações que encontramos em Sf 1,1 e em vários outros livros proféticos certamente não foram formuladas e escritas durante o período de atuação dos respectivos profetas, pois elas eram do conhecimento de todos. Mas, em épocas posteriores elas se tornaram importantes e necessárias, pois esses israelitas não dispunham mais de dados a respeito da pessoa do profeta e do período de sua atuação. Por isso, H. Irsigler[48] supõe que títulos como Sf 1,1 e de outros livros proféticos antes do exílio foram elaborados por redatores com mentalidade e linguagem deuteronomista e acrescentados ao conteúdo dos profetas dos séculos VIII e VII no final do século VI a.C. Ele fundamenta sua opinião com base em duas evidências. A primeira se refere ao fato de que os redatores deuteronomistas que elaboraram a Obra Historiográfica Deuteronomista, isto é, os livros Dt, Js, Jz, 1 e 2Sm e 1 e 2Rs, têm a mesma compreensão de profeta como aquela nos títulos dos livros proféticos. E a segunda evidência parece apontar para o fato de que os redatores deuteronomistas quiseram relacionar a profecia sofoniana com o rei reformador Josias que é tão destacado por eles em 2Rs 22-23.

Analisando em detalhes o v.1 vamos agora fixar nossa atenção no nome 'Sofonias'. Sem repetir o que já foi abordado acima, no item 1.6, é importante ressaltar que o nome 'Sofonias' aparece no AT dez vezes. Oito vezes na forma curta, em hebraico **Tzefania** em Sf 1,1; Jr 21,1; 29,25.29; 52,24; Zc 6,10.14; 1Cr 6,21. E duas vezes na forma mais longa, em hebraico **Tzefaniahu** em 2Rs 25,18; Jr 37,3. O nome 'Sofonias' é teofórico, isto é, sua parte final **ia** é o início do nome de Deus **Ia< ve**. Este nome significa "Deus abrigou ou escondeu/ocultou para proteger". Quando o livro de Sofonias foi traduzido para a língua grega, **Tzefania** foi vertido para Σοφονιας e para o latim **Sophonias** e, finalmente, em português, Sofonias.

H. Irsigler[49] observa que no AT há quatro pessoas que levam o nome Sofonias. Primeiramente o profeta em Sf 1,1. Depois há um sacerdote famoso com o nome Sofonias, filho de Maasias, na forma curta (Jr 21,1; 29,25.29; 52,24), e na forma longa **Sofonia-hu** (Jr 37,3; 2Rs 25,18). Ele atuava no templo de Jerusalém no tempo do rei Sedecias (597-587 a.C.) Em terceiro lugar podemos mencionar um Sofonias, pai de Josias, um destacado chefe de família que voltou para Jerusalém do exílio babilônico (Zc 6,10). E, por fim, há um cantor como o nome de Sofonias, um descendente do filho de Levi, Caat (1Cr 6,18-23).

Além disso, o nome Sofonias é bem atestado em inscrições hebraicas antigas, como selos e ôstracas, e que, segundo H. Irsigler[50], são datadas

---

[48] *Ibidem*, p. 33.
[49] *Ibidem*, pp. 85s.
[50] *Ibidem*, p. 85.

entre os séculos VIII e VI a.C. Isto pode ser um indício de que o nome Sofonias era muito estimado e usado.

Bem estranho é, para H. Irsigler[51], o fato de Sofonias ter quatro gerações de antepassados. Além de seu pai Cusi, ele tem três gerações de avós, cujos nomes são formados pela parte inicial do nome de Deus *Ia<ve:* assim Golol>*ias*, Amar>*ias* e Ezequ>*ias*. Esta tríade com nomes javistas procede talvez da compreensão de Dt 23,8s que prescreve que os descendentes egípcios apenas a partir da **terceira geração terão acesso à assembleia de Iahweh.** Assim o pai de Sofonias Cusi é um verdadeiro judeu, fiel ao Deus Iavé. E, além disso, o nome Cusi podia aludir à sua pele escura como a dos cuchitas, dos núbios ou dos etíopes. Em vista disso, o profeta Jeremias pergunta: **Pode um etíope mudar a sua pele? O leopardo as suas pintas? Podeis vós também fazer o bem, vós que estais acostumados ao mal?** (Jr 13,23). Se o nome do pai de Sofonias, Cusi, alude à sua pele escura, parda ou mulata, ou talvez seja apenas um apelido seu, então, é possível que ele seja de origem africana, pois os egípcios, os cuchitas ou núbios ou etíopes pertencem ao continente africano. E isto é bem provável, pois o rei Ezequias (725-696 a.C.) mantinha relações diplomáticas, militares, comerciais e culturais com a 25ª. dinastia egípcia (750-664) que era formada por núbios ou cuchitas ou etíopes. O fato de Sofonias, Godolias, Amarias e o nome do rei Josias serem teofóricos e o nome do pai do profeta, Cusi, nos transportar para Cuch, o sul do Egito, isto leva-nos a supor o profundo enraizamento de Sofonias na tradição e na fé no Deus Iavé, o Libertador dos hebreus no Egito. Sua profecia é um apelo insistente e incessante a seguir o Deus Iavé, na vivência do direito, da justiça e da pobreza como solidariedade com a família, o clã e as demais pessoas.

O v.1 situa a atuação de Sofonias **nos dias de Josias, filho de Amon, rei de Judá.** H. Irsigler[52] é da opinião que Sofonias devia ter exercido seu ministério profético pelo ano da morte do rei assírio Assurbanipal (627 a.C.), portanto entre os anos 630-625 a.C. em Jerusalém, quando o rei Josias tinha seus dezoito a vinte anos de idade.

---

[51] **Ibidem**, pp. 86s.
[52] **Ibidem**, pp. 88s.

1.2 Anúncio do julgamento do mundo, de Judá e de Jerusalémpor Deus: Sf 1,2-6

Os primeiros oráculos no livro do profeta Sofonias podem apavorar, pois anunciam que Deus vai suprimir tudo e assim ele vai fazer voltar o caos original (Sf 1,2-3). O objetivo principal destes dois versículos é talvez criar um impacto, afirmando que Iavé é o Criador de tudo, que ele tem o poder de provocar o caos original e que sobretudo quer acabar com os que pervertem suas criaturas. Em Sf 1,4-6 Iavé se dirige, por meio do profeta Sofonias, aos habitantes do Reino de Judá e de Jerusalém, anunciando o fim dos idólatras, dos sincretistas, dos que acham que todas as religiões são boas, por isso tanto faz seguir uma como outra religião. O profeta Sofonias, em todo o caso, anuncia que Iavé vai aniquilar os idólatras, os sincretistas e os que se afastam dele e não mais o procuram e nem o consultam.

A volta ao caos original: Sf 1,2-3

Na verdade suprimirei tudo da face da terra, oráculo de Iahweh. Suprimirei ser humano e gado, suprimirei pássaros do céu e peixes do mar e o que faz os perversos tropeçar e aniquilarei o ser humano da face da terra, oráculo de Iahweh.

A Bíblia de Jerusalém intervém no texto hebraico no v. 3, transformando um verbo hebraico na primeira pessoa do singular ***eu farei tropeçar os perversos.*** A opção mais simples, porém, é a conservação do verbo como ele se encontra no texto, isto é, no particípio feminino plural: ***as coisas que fazem tropeçar os perversos.*** Esta tradução resume, para H. Irsigler[53], a série precedente de objetos diretos e os interpreta como ídolos que fazem tropeçar e cair os perversos. Em termos formais, a expressão 'oráculo de Iavé' no início do v. 2 e no fim do v. 3 cria uma inclusão, transformando seu conteúdo em palavra de Deus. Esta expressão volta a ser usada em Sf 1,10; 2,9; 3,8, cujos textos são releituras e elaborações redacionais posteriores. Uma outra observação interessante é o verbo hebraico ***wehikratyi*** 'aniquilarei'

---

[53] *Ibidem*, p. 95.

que é empregado tanto no final do v. 3 como no início do v. 4. Isto indica que a perícope Sf 1,2s tem sua continuidade e sequência na perícope Sf 1,4-6.

A primeira pergunta que certamente cada leitor/a e ouvinte de Sf 1,2s se faz, é a seguinte: Por que o primeiro oráculo de Deus no livro de Sofonias tem um conteúdo negativo e deprimente? Iavé anuncia um aniquilamento ou um extermínio de todo o ser vivente da face da terra como decisão soberana de sua vontade. O que igualmente surpreende é o fato de que o texto nada diz a respeito de como Iavé vai suprimir tudo e nem parece evidente a causa, a razão de tamanha destruição. Por que até mesmo todos os animais deverão ser exterminados? Que mal fizeram eles? O verbo hebraico *'assep*, empregado quatro rezes, tem vários significados. Ele pode ser traduzido por 'recolher' ou 'reunir' como em Sf 3,8. Ele pode também ter o sentido de 'colher' os frutos da terra (Ex 23,10.16; Dt 16,13; Jr 39,12). Para H. Irsigler[54], o verbo hebraico no v. 2 poderia também aludir a um outro tipo de colheita que Deus faria, exterminando tudo da terra apta para a agricultura e habitada pelos seres humanos. Este sentido é reforçado pelo verbo hebraico no v. 3 **karat** no hifil que significa 'aniquilar', 'exterminar'. Segundo H. Irsigler, a "colheita de Iavé seria uma metáfora do seu julgamento, do seu acerto de contas e da sua intervenção, naturalmente no sentido punitivo, distinguindo e diferenciando, como parece ser o caso em Sf 1,2-3"[55].

Por quem o redator de Sf 1,2s foi inspirado para anunciar, como palavra de Deus, a destruição de todos os seres vivos? H. Irsigler[56] supõe que ele talvez fosse influenciado pelo conteúdo do 'dia de Iavé' em Sf 1 ou por sua ampliação em Sf 1,17s ou até talvez por Os 4,1-3. Segundo o texto oseiano, a terra juntamente com os seres vivos será exterminada por causa da falta de conhecimento de Deus e da maldade dos habitantes do orbe habitado. Este texto relaciona a destruição de tudo com a maldade humana como nas seguintes passagens em Jr 4,23-26; 12,4; Is 24,1-6. Mas, Sf 1,2s não descreve como acontecerá a destruição total. A influência mais provável, no entanto, do redator de Sf 1,2s é o texto que relata o dilúvio em Gn 6,7; 7,4 e talvez também pela sequência da criação dos seres vivos em Gn 1,20-28. Em primeiro lugar são criados os peixes, depois os pássaros,

---

[54] *Ibidem*, p. 97.
[55] *Ibidem*, p. 98.
[56] *Ibidem*, p. 99.

os animais e, por fim, os seres humanos. Em Sf 1,2s a destruição dos seres vivos é descrita numa sequência inversa. Inicialmente serão exterminados os seres humanos, depois os demais seres vivos.

H. Irsigler considera a parte do v.3 *o que faz os perversos tropeçar* uma glosa[57]. Segundo ele esta glosa dificilmente foi criada antes do século II a.C., pois ela se assemelha muito a Br 6 e Sb 13,1-15,19. Ela foi intercalada no v. 3 justamente para dar o motivo e indicar a causa da destruição de tudo. Porque segundo o redator da glosa não só os animais, gado, aves e peixes podem se tornar pedras de tropeço para os perversos na forma de ídolos, mas também o varão e a mulher poderão ser transformados em imagens idolátricas. A glosa, no entanto, não visa o aniquilamento definitivo de todos os seres vivos em si mesmos, mas, como opina H. Irsigler, "a destruição de todos os ídolos e de todos os idólatras"[58].

Quando surgiu a perícope Sf 1,2s, sem a glosa? H. Irsigler é do parecer que o texto Sf 1,2s deve ser situado no período da origem da literatura apocalíptica judaica, que já pressupõe um julgamento final de Deus, que é posterior à origem dos textos referentes à criação do mundo e ao dilúvio. A data provável seria em torno do ano 300 a.C.[59]

O pano de fundo histórico de Sf 1,2s e de textos semelhantes, que não incluem a destruição do solo cultivável, mas apenas do ser humano, deve ser, segundo H. Irsigler[60], a opressão das potências mundiais como a Assíria, a Babilônia e a Pérsia. Os textos do livro do profeta Sofonias, portanto, tem, ao lado de visões abrangentes de aniquilamento geral e definitivo dos seres vivos, também utopias universais de salvação como em Sf 2,1 e 3,9s.

---

[57] *Ibidem*, p.100.
[58] *Ibidem*, p. 101.
[59] *Ibidem*, p. 101.
[60] *Ibidem*, p. 102.

Todas as religiões são boas! Extermínio dos sincretistas e idólatras: Sf 1,4-6

Estenderei minha mão contra Judá e contra todos os habitantes de Jerusalém, aniquilarei deste lugar o resto de Baal, o nome dos sacerdotes dos ídolos, com os sacerdotes, os que se prostram nos terraços diante do exército dos céus, os que se prostram diante Iahwheh fazendo um juramento, mas que também juram por seu rei, os que se afastam de Iahweh, que não procuram a Iahweh e nem o consultam.

As palavras finais do v.4, **com os sacerdotes,** que se encontram no texto massorético, são omitidas na Bíblia de Jerusalém, porque são igualmente omitidas no texto grego. Essa glosa provavelmente consta no texto hebraico para explicar o termo anterior **sacerdotes dos ídolos** ou dos deuses estrangeiros. As últimas palavras do v. 5, **por seu rei,** como tradução literal do texto hebraico é mudada para "Melcom" pelos textos grego, siríaco e latino. Ele é o deus nacional dos amonitas (1Rs 11,5.33; 2Rs 23,13).

O v.4 introduz uma sequência de oráculos autênticos de Sofonias na unidade literária maior, Sf 1,4-2,3. Porque os vv.2-3 não podem ser do profeta, senão ele estaria se contradizendo. Nos vv.2-3 ele está anunciando a destruição de tudo, ao passo que nos vv.4-6 ele apenas menciona o extermínio de alguns grupos idolátricos e sincretistas de Jerusalém e de Judá. Os vv.4-6 formam uma unidade literária porque o v.7 inicia-se com uma convocação, convidando as pessoas ao **silêncio** e muda também de assunto.

O v.4 apresenta Iavé numa atitude de ameaça contra Judá e contra os habitantes de Jerusalém. **Estender a mão** é um gesto ameaçador de poder, de força e de autoridade (Sf 2,13; Dt 32,36; 2Sm 8,1s; Is 28,2). H. Irsigler[61] observa ainda que os redatores dos textos da tradição do êxodo e das pragas do Egito bem como dos textos sacerdotais apresentam com frequência Iavé com 'a mão e o braço estendido' como símbolo de seu poder e de sua força. A mão levantada e estendida de Iavé certamente não ameaça indistintamente toda a população de Judá e todos os habitantes de Jerusalém, mas apenas certos grupos. Entre os **yochbyim,** os 'sentados', os 'habitantes' de Jerusalém devemos nos imaginar senhores da elite de Jerusalém e de Judá.

---
[61] ***Ibidem***, pp. 107s.

a) O gesto da mão poderosa, vigorosa e ameaçadora de Iavé é reforçado pelo verbo **aniquilar** com uma série de objetos diretos (Ez 14,8s; Is 14,22s; Zc 13,2). O primeiro objeto direto do aniquilamento é o ***resto de Baal*** (v.4). Aliás, a tradução literal seria o ***resto do Baal*** com o artigo definido, isto é, acabar com o deus Baal até o último restinho, dele não pode sobrar nada. H. Irsigler[62] dialoga com vários comentaristas desta expressão e observa que ela não só indica um culto ao deus Baal, paralelo ao Deus Iavé, em Judá e em Jerusalém, conforme a denúncia do profeta Jeremias: ***Nos profetas da Samaria vi uma loucura: profetizaram em nome de Baal e levaram ao erro o meu povo de Israel*** (Jr 23,13; cf Os 13,1; Is 14,22). Mas também aponta para um culto idolátrico mais sofisticado, isto é, a veneração e a adoração de Iavé estariam perpassadas por orações, oferendas e ritos dedicados ao deus Baal. O ***resto do Baal*** seria, então, a eliminação de práticas religiosas e litúrgicas direcionadas ao deus Baal no culto ao Deus Iavé e por seguidores javistas. O profeta Sofonias, portanto, está denunciando em Sf 1,4 este sincretismo religioso, que fere o primeiro mandamento do decálogo, isto é, o culto único e exclusivo a Iavé, e, por conseguinte, lhe declara aniquilamento total.

b) A outra ação da mão vigorosa e poderosa de Iavé é o extermínio definitivo do ***nome dos sacerdotes dos ídolos.*** No hebraico aparece um termo raro no AT. Ele só é ainda usado em Os 10,5 e 2Rs 23,5 e sempre no plural, indicando assim uma classe específica de sacerdotes. Para H. Irsigler[63] o substantivo ***kemaryim,*** provém do acádico ***kumru,*** atestado na cidade de Mari e no espaço geográfico dos arameus. Nas proximidades de Alepo, na Síria, foram encontrados textos, nos quais dois sacerdotes da divindade lua, no século VII a.C., são portadores deste título. Assim pelo aramaico este título certamente entrou no hebraico. Ele designa uma classe de sacerdotes estrangeiros em Judá e em Jerusalém, cujo serviço sacerdotal específico está relacionado com a religião astral, cujas divindades são os astros celestes (Os 10,5; 2Rs 23,5). Sofonias, portanto, decreta também a erradicação completa dos nomes dos sacerdotes estrangeiros que, em Judá e em Jerusalém, cultuavam como deuses os astros dos céus.

c) A mão estendida de Iavé se dirige, em terceiro lugar, contra os israelitas sincretistas em Judá e em Jerusalém, porque eles se prostram nos

---

[62] ***Ibidem***, pp. 108s.
[63] ***Ibidem***, 109s.

terraços das casas diante do exército dos céus do mesmo modo como eles adoram Iavé (2Rs 23,12; Jr 19,13; 32,29). A astralização da religião javista é, para H. Irsigler[64], um fenômeno especialmente do século VII a.C. pela influência dos assírios e dos babilônios que consideram os astros como deuses. Como as casas tinham no Reino de Judá uma cobertura do tipo de uma chapa, por isso, não raro as famílias judias dedicavam uma parte dele para ser usado como um santuário aos deuses astrais. Mas também **Manassés edificou altares para todo o exército do céu nos dois pátios do Templo de Iahweh** (2Rs 21,5). Com a expressão 'exército dos céus' nós devemos entender o sol, a lua e as estrelas: **Levantando os olhos ao céu e vendo o sol, a lua e as estrelas e todo o exército do céu, não te deixes seduzir para adorá-los e servi-los** (Dt 4,19; 17,3; 2Rs 23,5; Jr 8,2). Em Rs 22,19, no entanto, o 'exército do céu' designa a assembleia celeste reunida em torno de Iavé como um rei sentado no seu trono. Aqui não há nenhuma alusão a sincretismo religioso.

Os cultos aos deuses astrais aconteciam durante a noite ou ao pôr e ao nascer do sol através da oferenda de sacrifícios, acompanhados de incenso e orações. Além disso, certamente eram realizadas procissões em honra das divindades celestes, das quais pessoas também participavam montadas em cavalos. A isto deve aludir a ação do rei Josias em 2Rs 23,11: **Josias fez desaparecer os cavalos que os reis de Judá tinham dedicado ao sol na entrada do Templo de Iahweh ... e queimou os carros do sol**. H. Irsigler[65] pensa que todo este sincretismo religioso é confirmado pela arqueologia. Em Jerusalém e arredores foram encontradas estatuetas de cavalos e cavaleiros, em terracota, como representantes do deus sol, que datam de 750 a 586 a.C. Portanto, Iavé e o exército dos céus recebem a mesma forma de veneração e de adoração. E é exatamente este sincretismo religioso que Sofonias condena e decreta seu extermínio total.

d) A mão poderosa e ameaçadora de Iavé volta-se também contra **os que se prostram diante de Iahweh, fazendo um juramento, mas que também juram por seu rei**. A expressão 'jurar por Iavé' explicita fidelidade a ele: **Então Saul jurou-lhe por Iahweh, dizendo: 'Pela vida de Iahweh' nenhum mal te acontecerá por causa disso** (1Sm 28,10; 24,22; Js 2,12; Jz 21,7; 2Sm 19,8; 1Rs 1,17; 2,8.23). Jurar por Iavé, portanto, e, ao mesmo tempo, jurar por um outro deus é apostasia de Iavé e expressa infidelidade a ele: **Teus filhos**

---

[64] *Ibidem*, pp. 110-114.
[65] *Ibidem*, pp. 113s.

me abandonaram, jurando por deuses que não são (Jr 5,7; 12,16; Am 8,14; Os 4,17; 2Rs 17,31s). É exatamente este sincretismo religioso que Sf 1,5 combate e cujos sincretistas serão igualmente erradicados. Porque em Judá e em Jerusalém há israelitas que juram por Iavé, mas, ao mesmo tempo, juram por seu rei. Neste contexto é evidente que o título 'rei' não se refere a uma pessoa, mas a uma divindade. H. Irsigler[66] reconhece que o título 'rei' é aqui bastante abrangente. É difícil de descobrir concretamente a divindade, à qual os israelitas do século VII a.C. estariam atribuindo o título de 'rei', além de Iavé. Seria talvez o deus Baal a quem os israelitas sincretistas também invocam sob o título de 'rei'? Ou seria o deus e rei Assur do panteão assírio diante do qual os reis vassalos faziam seus juramentos de fidelidade ao grande rei da Assíria? H. Irsigler conclui: "Em todo o caso, trata-se da exigência de Iavé de ser, somente ele, o único e verdadeiro rei em relação a divindades com o título de rei que os judeus escolhem por conta própria"[67]. Em vista disso, não há razão para mudar o termo hebraico **malkam** 'por seu rei' pelo nome do deus dos amonitas Melcon, como acontece ocasionalmente.

A expressão 'deste lugar', em Sf 1,4b assemelha-se muito a Dt 12,3.5. 'Este lugar' aponta aqui para Jerusalém e, mais precisamente, para o templo. A expressão 'deste lugar' restringiria enormemente a ação da mão poderosa e vigorosa de Iavé para apenas o templo em Jerusalém. O oráculo em Sf 1,4 diz ainda que Iavé vai estender a sua mão também contra Judá. Em vista disso, a expressão 'deste lugar' deve ser considerada uma glosa posterior com o objetivo de tornar o profeta Sofonias, o precursor da reforma de Josias descrita em Dt 12 e da centralização do culto em Jerusalém.

Sf 1,6 é considerado por H. Irsigler[68] uma adição a Sf 1,4s, ampliando o horizonte da profecia de denúncia do profeta. De fato, no v. 6 não se fala mais de religião e de cultos estrangeiros e nem de sincretismo religioso, isto é, da adaptação da fé javista a ritos, oferendas e orações de outras religiões. Mas, isto sim, nele são mencionados israelitas que simplesmente se afastaram de Iavé e romperam com ele. Este poderia ser o pano de fundo para o apelo urgente de Sofonias em Sf 2,3. Com o emprego do mesmo verbo 'procurar', o profeta convida insistentemente os israelitas a 'procu-

---

[66] *Ibidem*, pp. 114-116.
[67] *Ibidem*, p. 116.
[68] *Ibidem*, p. 118.

rar a Iavé' e a 'procurar sua justiça e pobreza'. Em vista disso, porque Sf 1,6 não poderia ser um texto sofoniano? H. Irsigler[69], no entanto, supõe que Sf 1,6 seja um texto pós-exílico, do início do período persa. Sua linguagem seria da época tardiamente profética e deuteronomista, muito semelhante às seguintes passagens: Dt 7,4; Js 22,16.18; Is 59,13; Sl 80,19; 105,4; 24,6. A opinião dele não é muito convincente por falta de argumentos mais fortes.

O oráculo de Sofonias, na perícope Sf 1,4-6, portanto, supõe que contexto histórico, econômico, político, religioso e cultural? A imagem e a compreensão de Iavé do profeta Sofonias com sua mão poderosa, vigorosa e ameaçadora contra Judá e os habitantes de Jerusalém com o objetivo de aniquilar as religiões estrangeiras, presentes e ativas entre os israelitas com seus defensores e devotos e as liturgias em honra de Iavé, mas influenciadas por orações, oferendas e ritos de outras religiões, só podem ser situadas historicamente durante os reinados de Manassés, de Amon e durante a minoridade de Josias; portanto, entre os anos 696-622 a.C. A dominação e a influência da Assíria sobre o Reino de Judá é, neste tempo, um fato inegável. A guerra dos assírios contra os israelitas do Reino de Norte com a destruição de Samaria em 722 a.C. provocou uma onda de fugitivos para o Reino do Sul. Entre estes é bem possível que havia israelitas javistas influenciados pelo baalismo, já questionados e denunciados anteriormente pelo profeta Oséias. Além disso, em 701 a.C. Senaqueribe conquistou todo o Reino do Sul, exceto Jerusalém. Com isto certamente pululavam religiões estrangeiras no Reino de Judá e em Jerusalém com seus cultos às divindades do exército dos céus. Além disto, a moda de se vestir dos assírios (Sf 1,8), sua língua, a forma de realizar tratados de vassalagem e seu panteão divino deviam ter impressionado enormemente um grupo considerável de israelitas, especialmente os das camadas superiores.

Isto se torna ainda mais provável se compararmos os oráculos de Sofonias, em Sf 1,4-2,3, com o relato da descoberta do Deuteronômio e da reforma política e religiosa do rei Josias. Antes de realizar esta comparação, é necessário fazer algumas diferenciações. Enquanto que Sofonias denuncia, de modo genérico, os príncipes, os filhos do rei, os que se vestem com roupas estrangeiras, os comerciantes, os militares, os ateus práticos e em Sf 3,3s os juízes, os profetas e os sacerdotes, o texto 2Rs 22-23 menciona israelitas com as mais altas funções na corte do rei Josias, mas são fiéis

---

[69] *Ibidem*, p. 118.

seguidores de Iavé, como o secretário real Safã, o sumo sacerdote Helcias, Aicam, Acobor e Asaías, ministro do rei, a profetisa Hulda e tantos mais. Os pontos de comparação mais evidentes entre os oráculos de Sofonias e a narração em 2Rs 22-23 são a destruição de todos os santuários dedicados aos panteões divinos estrangeiros, o aniquilamento de todos os objetos de cultos sincretistas e o extermínio de todos os seus promotores e defensores. Este assunto nesses dois textos é muito semelhante.

Outro ponto de comparação refere-se à imagem e à compreensão de Iavé e do culto a ele, tanto de Sofonias como do redator de 2Rs22-23. Segundo esses textos tanto um como outro são promotores e defensores de uma monolatria javista radical, consequente e decisiva. No movimento deles só pode haver a adoração e a veneração única e exclusiva de Iavé. Para eles só existe a possibilidade do "ou ... ou" e não se tolera, de forma nenhuma, um "tanto ... tanto" e um "mas também". Estas comparações e aproximações dos oráculos de Sofonias com 2Rs 22-23 levam H. Irsigler[70] a supor que o profeta é o precursor da reforma do rei Josias. Mas, com essa ressalva. Sofonias é promotor e defensor incansável da pureza da imagem e da compreensão de Iavé e do culto a ele, mas na profecia sofoniana não se pode perceber nada que aluda à centralização da liturgia no templo de Jerusalém como Dt 12 explicita. A expressão 'deste lugar' em Sf 1,4b deve ser considerada uma glosa posterior.

Por outro lado, os oráculos de Sofonias, defendendo e promovendo um javismo sem influências sincretistas e sem o culto de outros deuses em Judá e em Jerusalém, recebem um apoio destemido e evidente nos oráculos do jovem profeta Jeremias (Jr 1,2-4,2). Se, portanto, é possível falar de um certo sucesso da reforma do rei Josias, estribada no Deuteronômio, então, isto se deve, em grande parte, graças às atuações corajosas dos profetas Sofonias e Jeremias. E parece que a iconografia dos séculos VII e VI a.C. confirma estas afirmações. H. Irsigler[71], baseando-se nas informações de arqueólogos, constata que em nenhuma das mais de trezentas bulas judias e em inscrições em selos dos séculos VII e VI a.C. foram encontradas representações antropológicas evidentes de divindades. Ao passo que vestígios lunares e solares em selos dos mesmos séculos foram encontrados, com frequência, em Amon e Moab.

---

[70] *Ibidem*, p. 120, nota 9.
[71] *Ibidem*, p. 120.

H. Irsigler[72] elenca três pontos nos quais a profecia sofoniana e a reforma do rei Josias foram eficientes. Ele observa primeiramente que os **cavalos e os carros dedicados ao sol** (2Rs 23,11) foram erradicados para sempre. Dos sacerdotes dos ídolos estrangeiros em Sf 1,4 e 2Rs 23,5 não se fala mais em textos exílicos, pós-exílicos e em catálogos legais. E, em terceiro lugar, as medidas tomadas pelo rei Josias, destruindo os altares nos terraços das casas (2Rs 23,12) foram eficientes. De altares nos terraços das casas não se fala mais nem no livro de Ezequiel e nem na legislação cultual do documento sacerdotal exílico e pós-exílico. As duas passagens em Jr 19,13 e 32,29, nas quais se menciona o culto nos terraços das casas, são apenas exceções que confirmam a regra.

1.3 Anúncio do julgamento de vários grupos de líderes de Jerusalém por Deus como concretização do 'dia de Iavé': Sf 1,7-13

Acerto de contas com a elite poderosa do Reino de Judá: Sf 1,7-9

Silêncio na presença do Senhor Iahweh, pois o dia de Iahweh está próximo. Sim, Iahweh preparou um sacrifício, ele santificou seus convidados. Acontecerá no dia do sacrifício de Iahweh, visitarei os príncipes e os filhos do rei e todos os que se vestem com roupa estrangeira. Visitarei, naquele dia, todos os que saltam o limiar da entrada e os que enchem a casa de seu senhor com violência e com fraude.

O profeta Sofonias convoca no v.7 ao silêncio na presença de Iavé. Pelo que segue, ele não convida a um silêncio passivo, mas muito ativo. Aliás, a convocação ao silêncio, à calma e à contemplação é condição necessária para poder acompanhar, entender e avaliar melhor a intervenção de Iavé na história. E o silêncio ativo, atento e compenetrado deve ser tanto maior quanto mais intensa, dinâmica e abrangente for a ação de Deus. A ação de Iavé é descrita em Sf 1,8-13. Estas ações de Iavé são muito carac-

---

[72] *Ibidem*, p. 120.

terísticas. Deus já interveio na história do passado de muitas formas. Mas, o que Iavé vai realizar agora em Sf 1,8-13 é inédito e inaudito. Estas ações vão para a história como as ações no 'dia de Iavé'.

O convite ao silêncio na presença de Deus é comum durante a liturgia e durante as orações para assim poder perceber e contemplar melhor a grandeza e a onipotência de Deus. Isto pode-se constatar ainda em outras passagens: Hab 2,20; Zc 2,17; Ne 8,11; Am 6,10. Mas a convocação ao silêncio em Sf 1,7 não é motivada pela presença de Deus num santuário ou durante o desenrolar de uma celebração, mas porque o 'dia de Iavé' está próximo. O termo 'próximo' indica que Iavé já está se exercitando para intervir, a proximidade de sua ação já é visível, palpável e tangível. O 'dia de Iavé' está tão próximo que ele já preparou o sacrifício e já santificou os convidados para esta festa.

Quem são os destinatários da ação de Iavé no seu grande dia? H. Irsigler[73] elenca vários. Em Ez 30,1-26 Iavé agirá contra o Egito, Cuch e outras nações. Em Is 13,1-22 ele intervirá contra a Babilônia. Em Ab 15 Iavé se dirige contra as nações. Enquanto que nessas passagens a ação de Iavé se volta contra nações inteiras, em Ml 3,13-21 Deus agirá contra os maus no povo de Israel. Mas, o anúncio da proximidade do 'dia de Iavé' contra alguns grupos do povo de Israel nós só encontramos em Sf 1,7.14 e em textos posteriores como em Ez 7,7; Jl 1,15; 2,1. Em Am 5,18-20 e Is 2,12-17, que são textos mais antigos e falam do 'dia de Iavé', a sua ação se dirige contra a totalidade do povo de Israel.

Para entender melhor o que significa o sacrifício que Iavé preparou e como ele santifica os convidados para a festa, H. Irsigler[74] comenta 1Sm 16,2-5 (cf 2Rs 10,18-29). Nesta perícope empregam-se os mesmos termos como em Sf 1,7, a saber, Samuel prepara a ovelha em 'sacrifício' para Iavé, 'santifica' Jessé e seus filhos e os 'convida' para o sacrifício (v.5). Em 1Sm 16,2-5 descreve-se uma ação litúrgica presidida por Samuel. Mas, em Sf 1,7, nós temos, segundo H. Irsigler, uma ação antilitúrgica. Aqui é Iavé mesmo que preside a festa do sacrifício e é ele mesmo que convida para a celebração. Mas, quem são em Sf 1,7 os convidados e o material para o sacrifício? No v. 7 não se fala nada disso. Pelo contexto, porém, as lideranças políticas e econômicas de Jerusalém e de Judá (Sf 1,8-13) são tanto o

---

[73] *Ibidem*, p. 125.
[74] *Ibidem*, p. 131.

material para o sacrifício como os convidados. E o presidente desta antiliturgia é o próprio Iavé. É diante deste presidente da antiliturgia que Sofonias convida a silenciar, se acalmar e contemplar.

A conservação e a estrutura do texto, Sf 1,8-9, não oferecem muitas dificuldades para sua compreensão. Para H. Irsigler[75] a primeira parte do v.8 é uma adição posterior que procura criar fluência e continuidade entre os vv.7 e 8 e explicitar claramente que as vítimas **no dia do sacrifício de Iahweh** são grupos mandatários no governo do Reino de Judá. O mesmo ele pensa a respeito da expressão 'naquele dia' no v.9. O texto sofoniano, portanto, nessas observações iniciais, anuncia a ação de Iavé com o verbo na primeira pessoa do singular ***paqadetyi***, nos vv.8-9 com cinco objetos diretos. É interessante constatar que o profeta Jeremias usa os mesmos termos como Sofonias (Jr 9,24; 11,22; 13,21; 21,14; etc.; cf Os 12,3).

a) A visita de Iavé, como um acerto de contas, é feita primeiramente aos 'príncipes' (cf Sl 3,3). As primeiras vítimas da ação de Iavé, no seu grande dia, são os que se consideram os primeiros no governo do Reino de Judá, na capital Jerusalém. Eles são uma espécie de ministros, eles ocupam cargos no primeiro escalão de governo. Em Sf 3,3 eles são novamente citados, onde parece que eles ocupam cargos no topo da hierarquia: príncipes, juízes, profetas e sacerdotes. Para H. Irsigler[76] eles desempenham funções mais relacionadas com o setor civil, mas eles podem igualmente exercer funções militares. No livro do profeta Jeremias eles são mencionados com certa frequência (Jr 29,2; 34,19; 36,12.14.19.21).

b) As próximas vítimas no dia do sacrifício de Iavé são os 'filhos do rei'. H. Irsigler[77] não restringe os funcionários públicos com este título a apenas pessoas pertencentes à nobreza davídica. Para ele há também mandatários com este título fora da nobreza real. Ele é da opinião que os 'filhos do rei' ocupam cargos mais direcionados à área de segurança pública, como, por exemplo, um oficial da polícia. Sua responsabilidade abrangeria a vigilância sobre a população a respeito de suas manifestações públicas e de suas exigências bem como maneiras de pensar e de agir. Aos 'filhos do rei', então, caberia a tarefa da fiscalização e do controle da população, especialmente dos profetas em suas críticas à elite econômica, política e religiosa.

---

[75] ***Ibidem***, p. 136.
[76] ***Ibidem***, p. 139.
[77] ***Ibidem***, p. 141.

É o que aconteceu com o profeta Miqueias, filho de Jemla (1Rs 22,5-38). Ele foi esbofeteado e depois preso: ***O rei de Israel ordenou: 'Prende Miqueias e conduze-o a Amon, governador da cidade e a Joás, filho do rei*** (v.26). O governador da cidade, ***sar ha'ir***, é uma espécie de prefeito (Jz 9,30; 1Rs 22,26; 2Rs 23,8) e Joás, com o título de 'filho do rei', ***ben hamelek***, porém sem a indicação do nome de seu pai ou de antepassados. Por isso, ele é certamente um plebeu. É o que sucedeu ao profeta Jeremias e a Baruc, seu secretário, em Jr 36,26; 38,6. O título 'filho do rei' está muito bem documentado, pois ele se encontra oito vezes em selos em língua hebraica e um selo contém o título 'filha do rei'[78].

c) As vítimas no dia do sacrifício de Iavé são, em terceiro lugar, 'os que se vestem com roupa estrangeira'. Este tipo de gente no governo do Reino de Judá, durante a minoridade do rei Josias, provavelmente não são assírios, mas israelitas e jerusalemitas que negam sua identidade nacional e religiosa e aderiram de tal forma ao sistema econômico, político, religioso e cultural dos assírios que até se vestem como seus dominadores assírios. Isto é uma afronta à cultura de se vestir dos judeus, optando assim interna e externamente pelos valores dos exploradores.

d) O quarto grupo das vítimas no dia do sacrifício de Iavé são pessoas que 'saltam por cima do limear da entrada' (v.9). H. Irsigler[79] observa que as interpretações desta expressão não são unânimes. Alguns entendem o termo hebraico **miftan** como um tipo de pódio ou de uma escadaria, em cujo topo estaria a imagem de uma divindade ou o trono do rei. Por isso, traduzem por 'saltar o Degrau'. Outros explicam o mesmo termo hebraico como um 'saltar o limiar da entrada', a partir de 1Sm 5,1-5. Nesta perícope se diz que os sacerdotes e os demais frequentadores do templo de Dagon não pisam no limiar da entrada do templo porque dentro dele se colocam estatuetas de deuses e de demônios a fim de proteger o edifício e as pessoas das influências malignas procedentes de fora. Sofonias, então, critica e denuncia as pessoas dos altos escalões do governo que seguem o rito idolátrico de saltar por cima do limiar da entrada dos edifícios, reconhecendo nele a presença de divindades, enquanto negam a veneração a Iavé. Além desse rito idolátrico ridículo, eles ainda enchem a 'casa do seu senhor', isto é, o palácio real, com violência e fraude.

---

[78] *Ibidem*, p. 141.
[79] *Ibidem*, p. 142.

A perícope Sf 1,8-9 pode fazer surgir a ideia de Iavé como um Deus violento e vingador, pois parece que ele sente prazer em exterminar pessoas más, injustas e corruptas na mais alta hierarquia de poder no Reino de Judá. Como coadunar esta imagem de Iavé que já determinou o dia do sacrifício de suas vítimas com um Deus amoroso, bondoso e sempre pronto a perdoar (cf Is 34; Jr 36; Ez 39). Não há dúvida de que nestes textos há ações chocantes e desconcertantes de Deus. Mas não seria, talvez, justamente a finalidade que estes textos têm de chocar, escandalizar e dar um basta aos iníquos malfeitores que, por causa de seu cargo, posição social e poder, acham que podem fazer o que querem com as vítimas humanas fracas social e legalmente? Em vista disso, nós não podemos esquecer que Iavé, além de ser um Deus amoroso, bondoso e sempre pronto a perdoar, ele é também um Deus justo, apaixonado pelo direito e pela justiça e, como Deus da vida, não pode tolerar que um pequeno grupo de pessoas jogue imensas massas de pessoas na miséria, no sofrimento, na exploração e numa condição de vida desumana. Nesta situação subumana Iavé, o Deus da justiça, do amor, e da vida opta claramente pelos oprimidos e marca o dia do sacrifício dos opressores, exterminando não só eles, mas também seus deuses que legitimam e mantêm tipos de sociedade excludentes e anti-humanos.

A perícope Sf 1,7-9 é, para H. Irsigler[80], com toda a probabilidade, um oráculo de Sofonias que surgiu antes da reforma do rei Josias em 622 a.C. e durante a minoridade de Josias. Surpreende talvez que o profeta não critica e nem denuncia o rei pessoalmente, ao passo que, em cada degrau da mais alta cúpula do poder no reino de Judá, há pessoas cujo dia do sacrifício já foi determinado por Iavé. O motivo da simpatia pelo rei Josias por parte de Sofonias reside talvez no fato de ele ainda ser menor de idade.

O oráculo de Sf 1,7-9 concretizou-se, de certo modo, quando o rei Joaquin com a elite do poder econômico, político, cultural, religioso e militar foram deportados para o exílio na Babilônia em 597 a.C. e quando o rei Sedecias foi conduzido à presença de Nabucodonosor em Rebla. Aí seus dois filhos foram mortos na sua presença e, ele mesmo, com os olhos vazados e preso, foi exilado para a Babilônia. Nesses dois acontecimentos dramáticos realizou-se, num certo sentido, o sacrifício de parte das elites corruptas, exploradoras e anti-humanas, preparado e determinado por Iavé.

---

[80] *Ibidem*, p. 144.

Inimigos assaltam os comerciantes de Jerusalém: Sf 1,10-11

Acontecerá naquele dia, oráculo de Iahweh: Escuta! Gritos da porta dos Peixes, rumores da cidade nova e estrondos das colinas. Urrai, habitantes de Mactes, porque todo o povo cananeu foi destruído e todos os que pesam a prata foram aniquilados.

A perícope, Sf 1,10s, convida à audição: 'Escuta!' Certamente inimigos invadiram Jerusalém e sua ação, em várias partes da cidade, gera gritos, rumores e estrondos. Assaltados pelos inimigos são todo o povo cananeu, todos os que pesam a prata. Textos semelhantes a este encontram-se em Is 10,27-34; Jr 4,8; 6,26; 7,29; 22,30; 25.34; 49,3.

O termo 'escuta' não tem aqui, em primeiro lugar, o sentido do verbo no imperativo, mas ele tem a função de uma interjeição: 'Escuta!' 'Tu estás ouvindo!' (cf Is 66,6; Jr 25,36; 48,3; 51,54). O primeiro substantivo 'grito' é a primeira reação após a invasão do inimigo. É o grito de dor diante da possibilidade da morte provocada pelo inimigo invasor. O substantivo hebraico ***tze'aqa*** no AT é sempre uma reação diante de um grande sofrimento: a morte dos primogênitos no Egito (Ex 11,6), o clamor após a derrota com todas as suas consequências (1Sm 4,14), o grito dos que são maltratados e clamam por justiça (Ex 22,22), o clamor como causa da grande maldade de Sodoma e Gomorra (Gn 18,20s). Os outros substantivos 'rumores' e 'estrondos' querem apenas reforçar o horror provocado pela invasão do inimigo numa parte de Jerusalém com suas nefastas consequências.

A indicação dos locais em Jerusalém, onde os inimigos estão destruindo e matando, poderá talvez nos fornecer um roteiro do seu caminho devastador. H. Irsigler segue aqui as explicações dos arqueólogos sobre a topografia de Jerusalém no século VII a.C.[81]. A 'cidade nova' deve ser, com muita probabilidade, um bairro na parte oeste de Jerusalém, protegido por um muro já construído no século VIII a.C. Aí residia, segundo 2Rs 22,14 (2Cr 34,22), a profetisa Hulda, casada com Selum, um funcionário real. Disto pode-se deduzir que, no tempo do rei Josias, a 'cidade nova' era um verdadeiro bairro de Jerusalém, onde também moravam funcionários públicos reais.

---

[81] *Ibidem*, pp. 150-152.

A 'porta dos Peixes' deve ser situada a noroeste de Jerusalém, de acordo com 2Cr 33,14: ***Manassés restaurou a muralha externa da Cidade de Davi, a oeste do Gion, no vale, até a porta dos Peixes.*** O nome desta porta procede provavelmente do fato de que em suas imediações havia o mercado de peixes. Isto corresponderia a Ne 13,16: ***Em Jerusalém mesmo, alguns habitantes de Tiro, que lá moravam, traziam peixe e mercadorias de toda a espécie para vendê-las aos judeus em dia de sábado.*** As 'colinas' devem aludir às elevações a oeste sobre as quais Jerusalém ia se expandindo. E o 'Mactes' devia ser o lugar preferido dos compradores e vendedores de Jerusalém.

O crescimento da população de Jerusalém e sua expansão territorial para o oeste no final do século VIII e no século VII a.C. é, para H. Irsigler[82], bastante provável. Isto é devido a sobretudo dois fatos. Tanto a destruição de Samaria em 722 a.C. bem como a conquista das cidades do Reino de Judá em 701 a.C., exceto Jerusalém (Is 1,8), provocaram ondas de israelitas fugitivos para o Reino do Sul, especialmente para a capital. Ele supõe que a população de Jerusalém no século VIII, entre 6.000 a 8.000 habitantes, aumentou no século VII para aproximadamente 24.000 pessoas.

O objetivo da invasão dos inimigos, talvez através de uma brecha no muro, é o assalto a 'todo o povo cananeu' isto é, a todos os negociantes mais ricos de Jerusalém, pois possuem muita prata, muito dinheiro. O termo 'cananeu' em Sf 1,11 não designa, para H. Irsigler[83], um povo socialmente determinado e estrangeiro, mas alude a negociantes em geral, entre os quais há também israelitas (Zc 14,21; Jr 31,24; Jó 40,30; Os 12,8; Ez 16,29; 17,4). Isto é, comerciantes que se comportam e agem como os negociantes da orla marítima, os fenícios ou os filisteus. Ao profeta não interessa a origem étnica dos cananeus, mas seus negócios, usando muitas vezes meios ilícitos e obscuros para se enriquecer. E entre eles há até pessoas que 'pesam a prata', isto é, a usam para comprar ou vender ou são possuidores de tanto dinheiro que o carregam em sacos. Isto, segundo H. Irsigler[84], corresponde com a verdade histórica, pois a prata era o valor comercial antes que as moedas fossem introduzidas na Palestina pelos persas. Os negociantes, a quem Sofonias anuncia destruição e aniquilamento total com o mesmo barulho, cujos ruídos estridentes usam para

---

[82] ***Ibidem***, p. 152.
[83] ***Ibidem***, p. 153.
[84] ***Ibidem***, p. 155.

fazer seus negócios, agem e se comportam como os negociantes a que vários outros profetas decretam extermínio total. O profeta Jeremias os denuncia, pois enchem suas casas com roubos: **Por isso tornaram-se grandes e ricos, gordos e reluzentes. Ultrapassaram, até os limites do mal** (Jr 5,26-31; Am 8,4-6; Mq 6.10s).

Acerto de contas de Iavé com os senhores de Jerusalém: Sf 1,12-13

E acontecerá naquele tempo, que eu esquadrinharei Jerusalém com lanternas e visitarei os varões que, concentrados em sua borra, dizem em seu coração: 'Iahweh não pode fazer nem o bem nem o mal'. Sua riqueza será saqueada, suas casas devastadas. Eles construíram casas, mas não as habitarão, plantaram vinhas, mas não beberão do seu vinho.

Sofonias, no v.12, mostra Iavé com lanternas (no plural!) na mão, esquadrinhando a cidade de Jerusalém. Assim ele vai iluminar as casas e cantos mais escuros da capital para que ninguém e nada possa escapar de sua ação e do seu controle. O profeta Amós tem um oráculo semelhante, no qual ele afirma que ninguém conseguirá escapar da ação julgadora de Iavé, mesmo que se esconda no Xeol, no cume do monte Carmelo ou no fundo do mar (Am 9,1-4). O profeta Jeremias convida a percorrer as ruas e praças de Jerusalém para ver se há um homem que pratique o direito e procure a verdade (Jr 5,1). Em Lc 15,8 a mulher para achar a moeda perdida acende uma lanterna e varre com cuidado toda a casa em pleno dia.

A finalidade desta ação de Iavé é o acerto de contas com os varões de Jerusalém. Os **'anachyim,** os 'varões', com o artigo definido, são senhores ricos, influentes e poderosos de Jerusalém. Estes senhores estão concentrados e assentados na borra. O verbo hebraico **qafa'** significa 'coalhar, concentrar-se, tornar-se firme, rígido'. Este sentido do verbo encontramos em Ex 15,8: *... e os abismos se retezaram no coração do mar;* também em Jó 10,10: **Não me derramaste como leite e me coalhaste como queijo** (cf Eclo 43,20). O substantivo **xemer** 'borra', é a parte mais sólida do vinho no fundo do barril. Para entendermos melhor a relação entre o vinho e sua borra é necessário conhecer um pouco a vinicultura. A borra é a parte sólida da uva, pois seu líquido tornou-se vinho. Daí a necessidade de transferir o vinho de um barril para o outro, separando-o de sua borra. O redator de Jr 48,11s conhecia bem a cultura do vinho e com esta imagem faz alusão à vida dos moabitas: ***Moab estava tranquilo desde a sua juventude repousava em sua borra, nunca foi transvasado, nunca partira para o exílio ... Por causa disso, eis que dias virão, – oráculo de Iahweh – em que lhe enviarei transvasadores que o transvasarão; esvaziarão seus vasos e quebrarão as suas ânforas.***

O que o profeta Sofonias quer explicitar com a imagem dos varões concentrados na borra? O profeta usa esta comparação primeiramente porque os ricos e influentes senhores do Reino de Judá são certamente vinicultores ou conhecem bem esta atividade. Como o vinho está assentado na sua borra, assim também esses poderosos varões se consideram seguros e protegidos em sua situação e posição social, política e econômica, são prepotentes, arrogantes e se contentam consigo mesmos. Sua ideologia e compreensão de Deus resumem-se muito bem neste monólogo absurdo: ***Iahweh não pode fazer nem o bem nem o mal*** (v.12). Esses varões assentados, concentrados e parados em sua borra consideram Iavé um Deus inativo, indiferente, longínquo e incapaz de intervir na história e na vida deles. Eles são partidários de um ateísmo prático, porque eles não negam a existência de Deus, mas a sua ação no mundo.

Sofonias, no entanto, desmascara essa teologia dos ricos varões de Jerusalém, anunciando que ***sua riqueza será saqueada e suas casas devastadas*** (v.13). Nós temos aqui um confronto de teologias, pois elas são diametralmente opostas. O teólogo Sofonias tem a mais absoluta convicção de que Iavé é um Deus ativo, dinâmico, libertador dos oprimidos derrubando os poderosos de seus tronos ou transvasando o vinho de sua borra. A experiência do teólogo e profeta Sofonias, de um Deus ativo e agente na história, ele recebeu de seus antepassados com nomes javistas e de seu pai Cusi de origem cuchita, egípcia e africana. A fé e a certeza de que Iavé vai intervir na história e agir contra os ricos fanfarrões do Reino de Judá traduzem-se também no uso frequente do termo hebraico ***xemama*** 'devastação, tornar deserto' (Sf 1,13; 2,4.9.13). E é certamente um inimigo do norte que vai ocasionar esta devastação. A ele interessa as propriedades, os bens e as mansões dos varões de Jerusalém.

Neste contexto torna-se pertinente a pergunta pelo motivo que levaram os senhores ricos, influentes e poderosos de Jerusalém a chegar a um ateísmo prático, pois esta capital era e é palco da atuação de tantos profetas e onde se cultivavam e eram celebradas as tradições religiosas centrais da fé e da vida do povo de Israel. Como é que varões, destacados em sua religião, cultura e sociedade israelita, negam redondamente a intervenção e a ação de Iavé na história? Vamos apenas recordar a interpretação feita sobre os fatos do passado mais recente: em 701 a.C. só Jerusalém escapou da conquista do rei assírio Senaqueribe e em 722 a.C. a falência do Reino do Norte pelo mesmo exército assírio. Como entender o esquecimento desses acontecimentos na memória histórica dos poderosos varões de Jerusalém? H. Irsigler[85] responde a essas perguntas apontando para o período do reinado de Manassés (696-642 a.C.). Ele pode muito bem se imaginar que, durante este quase meio século de dominação assíria com um rei israelita totalmente submetido aos interesses assírios, surgisse a ideia de Iavé como um Deus fraco, derrotado, inativo e ineficiente, especialmente entre a elite poderosa do Reino de Judá. Esta imagem de Iavé servia a seus interesses e assim os proprietários de vinhas, de olivais e de gado se sentiam livres para agir como lhes convinha. Para eles, sobretudo, os oráculos de Sofonias deviam ter sido como uma bomba que fazia a terra temer. Porque Iavé, para o profeta, não é apenas teoricamente um Deus ativo, dinâmico e eficiente, mas sua ação e intervenção na história dos ricos, poderosos e influentes senhores de Jerusalém será para muito em breve, saqueando suas riquezas e devastando suas mansões.

A segunda parte do v.13: **Eles construíram casas, mas não as habitarão e plantaram vinhas, mas não beberão do seu vinho,** é para H. Irsigler[86], uma ampliação secundária posterior do redator deuteronomista. Este foi fortemente influenciado, por Am 5,11 e Dt 28,30.39, procurando relacionar o livro de Sofonias com os livros de Amós e do Deuteronômio.

Sofonias: Profeta dos empobrecidos e oprimidos

Já, a partir dos oráculos do profeta Sofonias em Sf 1,8-13, nós podemos chamar Sofonias, o profeta dos empobrecidos e oprimidos. Isto com mais razão ainda se acrescentarmos o oráculo, Sf 2,1-3. Porque esperança

---

[85] ***Ibidem***, pp. 161s.
[86] ***Ibidem***, pp. 157.162s.

de sobrevivência ele só anuncia àqueles e àquelas que buscam a Iavé e procuram a justiça e a pobreza. As releituras dos oráculos de Sofonias desenvolvem e concretizam ainda mais a mensagem da esperança de um futuro melhor para os e as que são fiéis a Iavé (Sf 2,3a; 3,11-13). Os pobres da terra e o resto pobre e humilde do povo de Israel são esperança de continuidade do povo israelita, pois, apesar de tudo, se refugiam em Iavé que é para eles o **herói que liberta** (Sf 3,17). No topo da sociedade israelita estão os senhores ricos, abastados, influentes e poderosos que escandalizam os pobres pelo seu jeito cruel de explorá-los e pela prepotência, arrogância e autossuficiência como esses diversos grupos, denunciados por Sofonias nos v. 8-13, vivem na sua opulência. Esta gerou neles tamanha alienação que até Iavé é visto como um Deus inativo, ineficiente e incapaz de intervir na história. Especialmente para estes o profeta apresenta Iavé com lanternas na mão para pôr todos e tudo em Jerusalém às claras. Por causa deste oráculo em Sf 1,12, Sofonias é apresentado nas pinturas e esculturas com lanternas na mão, por exemplo, na catedral de Reims, na França.

1.4 Descrição do 'dia de Iavé'

A proximidade do 'dia de Iavé' para os habitantes do Reino de Judá: Sf 1,14-16

Está próximo o grande dia de Iahweh! Ele está próximo e iminente! O clamor do dia de Iahweh é amargo, nele até mesmo o herói grita. Um dia de ira, aquele dia! Dia de angústia e de tribulação, dia de devastação e de destruição, dia de trevas e de escuridão, dia de nuvens e de negrume, dia da trombeta e do grito de guerra contra as cidades fortificadas e contra as ameias elevadas.

A perícope, Sf 1,14-16, compõe-se do anúncio da proximidade iminente do 'dia de Iavé' e da descrição detalhada daquele dia terrível. Nos v.15s o termo 'dia' é empregado sete vezes, número que alude à totalidade e os detalhamentos do dia da ira de Iavé apontam para a intensidade da sua ação. O dia da ira de Iavé é quase personificado e age como se fosse um exército numa batalha, com suas consequências negativas, com um alvo muito preciso: 'as cidades fortificadas e as ameias elevadas' (v.16) no Reino de Judá. Ninguém consegue escapar (cf Jr 46,6.10; Am 2,14-16).

O v.15 descreve o 'dia de Iavé' como o dia de sua ira com suas mais variadas manifestações. Para o substantivo 'ira' Sofonias usa o termo hebraico *'ebrah.* H. Irsigler[87] observa, com razão, que o profeta emprega ainda outros termos para expressar a cólera e a irritação de Iavé. Em Sf 2,3 aparece a variante *'ap* 'respiração ruidosa e furiosa', em Sf 2,3 a outra variante **ḥarôn** *'ap* 'ira ardente' e em Sf 3,8 a última variante *z'am* 'raiva'. Esta grande variedade de termos demonstra o quanto Iavé está irado, irritado, encolerizado e furioso com a vida e as ações más de diversos grupos da sociedade israelita no Reino de Judá. Estas manifestações tipicamente humanas no ser e no agir de Iavé contra as desumanas explorações, opressões e corrupções dos diversos grupos da elite rica, poderosa e influente do Reino do Sul devem gerar nos e nas que optaram pelo Deus Iavé a mesma indignação e os mesmos sentimentos de repúdio diante das ações desumanas dos poderosos de hoje. Crer no Deus Iavé e segui-lo significa cultivar dentro de si e expressar em termos de espiritualidade e mística uma indignação perene, radical e incansável contra todas as ações que agridem a vida, a dignidade e a liberdade de qualquer ser humano. Além dos textos de Sofonias, mais alguns podem alimentar dentro de nós os sentimentos e a santa indignação de Iavé: Is 9,7-10,6; 5,25-29; Os 11,7-9; 8,4-7; 14,2-9; Ez 7,1-14; 13,1-23.

Em Sf 1,15, Sofonias descreve o desenvolvimento concreto do 'dia de Iavé' como o dia de sua santa ira. Em cinco duplas de substantivos ele pinta o 'dia de Iavé' com cores muito diversificadas. A santa ira de Iavé, portanto, exteriorizar-se-á primeiramente como 'dia de angústia e de tribulação'. Com a ajuda de H. Irsigler[88] vamos tentar entender esses termos. A dupla 'angústia e tribulação' só aparece ainda em Jó 15,24. O termo 'angústia', separado de seu par, como experiência de passar necessidade, medo e pavor é usado em Gn 35,3; Is 37,3; Sl 20,2; 50,15; Pv 24,10; 25,19; Eclo 51,10. Mas, no contexto com o 'dia de Iavé' é empregado em Ab 10-15; Na 1,7; Hab 3,16. A experiência de 'angústia e tribulação' toma conta da pessoa quando se encontra numa situação periclitante de aperto, de limitação e sem a possibilidade de fugir. É a sensação antecipada da próxima dupla 'dia

---

[87] *Ibidem*, pp. 170s.
[88] *Ibidem*, pp. 173s.

de devastação e de destruição'. Este par indica aniquilamento, extermínio e desgraça generalizada (Is 47,11; Sl 35,8; Jó 30,3).

Estas experiências terríveis no espaço físico terrestre com manifestação da ira de Iavé crescem de intensidade com o aparecimento 'de trevas e de escuridão'. Isto nos recorda da praga das trevas em Ex 10,21-23, através da qual Iavé age contra o faraó opressor com trevas e opta pelos hebreus oprimidos através da luz: ***Estendeu, pois Moisés a mão para o céu, e houve trevas espessas sobre toda a terra do Egito por três dias [...] porém, em toda a parte onde habitavam os israelitas havia luz.*** Sofonias, no entanto, pode também ter sido influenciado pelo profeta Amós (Am 5,18-20; cf Is 13,10; 59.9; 58,10). A santa ira de Iavé aumenta ainda mais, pois toda a abóboda celeste está coberta de 'nuvens e negrume'. As nuvens espessas e escuras são meios de revelação de Deus, especialmente na montanha do Sinai ou do Horeb (Ex 19,16; 20,21; Dt 4,11; Sl 18,10-12. 97,2; Ez 34,12; Jl 2,2).

Segundo o profeta Sofonias, a santa ira de Iavé não só se revela no espaço terrestre generalizado e no espaço celeste, ela também se manifesta bem concretamente na história através do 'toque da trombeta e do grito da guerra'. Eles são sinais diretos de alarme diante da invasão iminente do inimigo. E nesta hora nem as cidades fortificadas e nem as ameias elevadas, com seus muros e torres em Judá, oferecerão proteção e segurança. Neste dia ***até mesmo o herói grita*** (v. 14), isto é, o exército e as pessoas encarregadas da segurança gritarão por socorro (Am 2,14; Ez 13,5). O aniquilamento de toda a proteção e segurança humana no 'dia de Iavé' ajuda a compreender Sf 2,1 onde o profeta ironiza todo o empreendimento humano por segurança, sem a opção por Iavé e na prática da justiça e da pobreza.

O 'dia de Iavé'

O quadro do 'dia de Iavé' pintado pelo profeta Sofonias tem cores variadas e descreve a ira de Iavé num processo terrível de intensificação. A santa ira de Iavé exterioriza-se na terra na forma de 'dia de angústia e de tribulação, de devastação e de destruição. Depois revela-se na região celeste como 'dia de trevas e de escuridão', pois os astros sol, lua e estrelas não iluminam mais, eles foram ocultados pelas nuvens e o negrume. O dia da santa ira de Iavé aumenta ainda mais quando ele se manifesta historicamente no 'dia da trombeta e do grito de guerra' contra 'as cidades fortificadas e as ameias elevadas' no Reino do Sul.

Estes oráculos autênticos do profeta, contra vários grupos da sociedade israelita, receberam, no próprio livro de Sofonias, releituras por redatores posteriores que ampliaram ainda mais o quadro do 'dia de Iavé'. Este foi universalizado. Em Sofonias 1,2s diz-se que Iavé vai suprimir ***tudo da face da terra [...] aniquilarei os homens da face da terra***. E em Sf 1,17s repete-se a mesma afirmação: ***No dia da ira de Iahweh, no fogo de seu zelo toda a terra será devorada***. Em Sf 3,8 a ênfase continua a mesma: ***Pelo fogo do meu zelo, será consumida toda a terra***. Disto podemos deduzir que o 'dia de Iavé' no livro de Sofonias não é apenas o tema central, mas todo o livro foi estruturado a partir desta temática.

Os textos no livro de Sofonias influenciaram também outros livros bíblicos. H. Irsigler[89] considera Jl 2,1s; Ez 34,12 e, talvez também Is 13,9.13 dependentes de Sofonias. Os textos sofonianos tiveram, para ele, igualmente repercussões em Rm 2,5; Mt 3,7; Mc 15,33; Mt 27,45.51; Lc 23,44s.

Os textos sofonianos são a base do hino latino 'Dies irae, dies illa' como 'sequência' na missa dos falecidos no Missal Romano de 1570 até 1962[90]. E, finalmente, os textos do livro de Sofonias subjazem às missas de 'Requiem' de Mozart, Verdi, Belioz e outros bem como no livro "Faust" de J. W. Goethe.

A expressão 'dia de Iavé' aparece, segundo H. Irsigler[91], dezesseis vezes no AT e apenas na literatura profética. Além disso, há algumas passagens onde se fala 'do dia' ou 'do dia da ira'. Eis os textos mais importantes que tratam do 'dia de Iavé': Am 5,18-20; Is 2,6-22; Sf 1,7-2,3; Ez 7; Is 13; todo o livro de Joel; Ml 3,1-22; Zc 14,1-19.

O profeta Sofonias não parece ser o originador da expressão e da temática 'dia de Iavé'. As perícopes Am 5,18-20 e Is 2,12-17 são provavelmente anteriores aos textos sofonianos. Para H. Irsigler[92], o texto Am 5,18-20 é o mais antigo. Mas, mesmo assim, não foi Amós que cunhou esta expressão. Para os contemporâneos de Amós o 'dia de Iavé' era ardentemente desejado e esperado. Ele significava para eles que, naquele dia' Iavé iria livrar o povo de Israel de todos os seus inimigos, concedendo-lhe paz e

---

[89] ***Ibidem***, p. 178.
[90] Segundo A. Heinz (HEINZ, Andreas. "Dies irae", ***LThK 3***, Freiburg/Basel/Rom/Wien: Verlag Herder, 1995, p. 219), o hino ‚Dies irae' foi escrito na segunda metade do século XII. Thomas de Celano OFM não é seu autor, mas quem lhe deu sua forma final.
[91] IRSIGLER, H. ***Zefanja***, pp. 127-130.
[92] ***Ibidem***, p. 128.

vida abundante. O profeta Amós, no entanto, inverte o sentido do 'dia de Iavé' dos seus contemporâneos, anunciando que aquele dia não será de luz, mas de trevas e de escuridão para os israelitas que não seguem Iavé e nem vivem segundo o direito e a justiça: *Ai daqueles que desejam o dia de Iahweh! Para que vos servirá o dia de Iahweh? Ele será trevas e não luz* (v.18).

Conforme H. Irsigler[93], o profeta Isaías em Is 2,12-17 também não entende o 'dia de Iavé' como um dia de luz, de paz e de salvação para todos os israelitas indistintamente. Mas, aquele dia será de humilhação para os orgulhosos e prepotentes: *O orgulho do homem será humilhado, a altivez dos varões se abaterá e só Iahweh será exaltado naquele dia* (v. 12.17). Ele conclui: "Que Sofonias engata nestas compreensões proféticas do dia de Iavé de Amós e Isaías, mostra-se especialmente na unidade do oráculo Sf 1,14-16"[94].

Tem o 'dia de Iavé' um pano de fundo histórico? Para H. Irsigler[95], o 'dia de Iavé' na literatura profética tem precedentes, especialmente quando no AT se fala de dias marcantes, com acontecimentos que perduram na consciência coletiva do povo de Israel. Assim em Is 9,3 menciona-se o 'dia de Madiã' e com ele, recordam-se as estratégias do juiz Gedeão para derrotar os madianitas em Jz 6-7. Em Os 9,9 fala-se dos 'dias de Gabaá' nos quais são lembrados os crimes narrados em Jz 19-21. No Sl 137,7 é citado o 'dia de Jerusalém' que aponta para a catástrofe do ano 586 a.C. Estes dias especiais e marcantes têm uma densidade teológica toda especial, pois nestes dias o povo de Israel sentiu, apalpou e experimentou Iavé em ação, intervindo na história, de modo bem concreto, e nem sempre a seu favor. O 'Sitz im Leben' original da expressão formal 'dia de Iavé' encontra-se, para H. Irsigler[96], talvez no Sl 105,5: *O Senhor está à tua direita, ele esmagou os reis no dia de sua ira.* Aqui Iavé promete proteger o rei israelita e estar a seu lado para defendê-lo diante dos reis inimigos. Esta antiga compreensão da intervenção de Iavé a favor do povo de Israel e contra seus inimigos inverte-se completamente em oráculos dos profetas do século VIII a.C. Como já foi dito acima, Iavé agirá no seu dia contra grupos israelitas malfeitores e usará como ajuda as nações inimigas: Am 5,18-20; Is 2,12-17; Sf 1,7.14-16; 2,1-3; 3,8; Ez 7; Jl 2,1-11; Zc 14,1-5; Ml 3,2.13-21; 3,23s.

---

[93] *Ibidem*, p. 128.
[94] *Ibidem*, p. 128.
[95] *Ibidem*, pp. 128s.
[96] *Ibidem*, p. 129.

Durante o exílio de israelitas na Babilônia e depois dele, o 'dia de Iavé' recebe, conforme H. Irsigler, uma nova interpretação. Ele é universalizado e escatologizado, isto é, ele virá sobre todos os povos na forma de catástrofes naturais e de incêndios abrangentes, exterminando os maus e salvando os justos. Em Sf 3,8; 3,9-20 o 'dia de Iavé' torna-se o dia da purificação e da salvação. Esta compreensão é assumida pelos redatores do NT onde o 'dia de Iavé' vai tornar-se o 'dia do Senhor', **Kyrios,** na parusia de Jesus Cristo (1Cor 1,8; 5,5; 2Cor 1,14; 1Ts 5,2; Fl 1,6.10; 2,16) ou o 'dia do Filho do Homem' (Lc 17,22-30).

A ira de Iavé acabará com a terra e seus habitantes: Sf 1,17-18

Afligirei as pessoas e elas caminharão como cegos, porque pecaram contra Iahweh. O seu sangue será derramado como pó e suas entranhas como o esterco. Também nem sua prata e nem o seu ouro poderão salvá-las. No dia da ira de Iahweh, no fogo do seu zelo toda a terra será devorada. Pois destruirá, sim, ele exterminará todos os habitantes da terra.

O texto, Sf 1,17-18, supõe a perícope anterior Sf 1,14-16. O verbo 'afligir' no v. 17 retoma os termos 'angústia' no v. 15 bem como o substantivo 'cego' descreve como as pessoas viverão no 'dia de trevas e de escuridão'. O v. 17 contém uma progressão em relação aos v.14-16. Nestes a ira de Iavé atingirá as pessoas de Judá, enquanto que no v.17 Iavé afligirá todas as pessoas da terra. E no v.17 é dado o motivo pelo qual Iavé afligirá todos os seres humanos: **porque eles pecaram contra Iahweh**. Para H. Irsigler[97] esta frase é uma glosa posterior. A expressão 'ira de Iavé' no v.18 repete a mesma expressão no v.15.

A estrutura de Sf 1,17s se compõe da intervenção de Deus com suas consequências como a perda de orientação, o derramamento do sangue, desprezo pelo útero da mulher e mesmo os metais mais preciosos não conseguirão salvar as pessoas.

a) O verbo 'afligir' tem aqui o sentido de insuflar medo e pânico, provavelmente pela aproximação de inimigos (1Rs 8,37; Ne 9,27). Esta

---
[97] *Ibidem*, p. 181.

ação de Deus se dirige contra o ser humano, contra as pessoas em geral com consequências desastrosas. A primeira consequência: *eles caminharão como cegos.* H. Irsigler[98] interpreta esta frase com a perda total da orientação como no 'dias de trevas e de escuridão' (v.15; cf Dt 28,29; Is 59,10). A glosa posterior no v.17: *porque todos pecaram contra Iahweh,* intercala no texto o motivo pelo qual Iavé vai afligir as pessoas. Esta frase Paulo cita em Rm 5,12.

b) A segunda consequência da ação de Deus contra toda a humanidade é o derramamento violento de sangue. Provavelmente um exército inimigo fará um massacre e causará um banho de sangue, cujas manchas poderão ser vistas em toda a parte como a poeira é espalhada pelo vento. H. Irsigler[99] é da opinião que este massacre é comparável ao do ano 586 a.C. (Lm 2,20-22). No Sl 79,3 o salmista constata que os babilônios *derramaram o sangue dos fiéis como água.* Mas, em Sf 1,17, a profanação do sangue é ainda maior. O sangue, como o símbolo da vida, é jogado no pó desprezível e levado pelo vento para todos os cantos.

c) A terceira consequência da aflição causada por Deus é o desprezo do útero materno, local onde a vida é tecida e se desenvolve. Ele é comparado a bolotas de excremento (1Rs 14,10). Estas consequências da ação de Iavé explicitam, para H. Irsigler[100], quão impiedosa e indigna será a morte das pessoas. Nem mesmo os metais mais preciosos como a prata e o ouro (v.18) poderão resgatar alguém da morte no dia da ira de Iavé. Aqui poderíamos recordar a palavra de Jesus: *De fato, que aproveitará ao homem ganhar o mundo inteiro, mas arruinar sua vida?* (Mt 16,26).

As expressões 'dia da ira de Iavé' e 'fogo de seu zelo' são dois aspectos do mesmo acontecimento. O 'fogo de seu zelo' explicita o meio, através do qual o 'dia de Iavé' vai se manifestar. Do fogo devorador se fala em Nm 21,28 e Zc 9,4 e do fogo enviado por Deus como arma destruidora menciona-se em Am 1,4-14; 2,2-5.14-16. O fogo do zelo de Iavé tem no v.18 como objetivo de devorar a terra inteira. Para H. Irsigler "este julgamento pelo fogo de Sf 1,18b e 3,8d, atingindo toda a terra, é único no Antigo Testamento"[101]. Ele é da opinião de que apenas textos do tempo helenista, nos séculos II e I a.C., testemunham um incêndio mundial com imagens

---

[98] *Ibidem*, pp. 182s.
[99] *Ibidem*, p. 183.
[100] *Ibidem*, p. 184.
[101] *Ibidm*, p. 186.

apocalípticas. E as vítimas deste incêndio não são apenas a terra, mas também todos os seus habitantes.

A releitura, que os v.17s fazem da perícope sofoniana anterior, tem como objetivo resumir, ampliar e sublinhar escatologicamente o texto Sf 1,14-16. Uma data possível de Sf 1,17s tem que ser após os acontecimentos de 586 a.C., pois estes já parecem que são conhecidos e devem ser supostos. Mas, como esta perícope, por outro lado, apenas contém o julgamento sobre a terra e seus habitantes humanos, ela deve ter surgido antes de Sf 1,3s, onde se anuncia o fim de tudo, também dos demais seres criados. Em vista disso, H. Irsigler[102] data Sf 1,17s no período persa, isto é, no século V a.C. No entanto, a compreensão de um julgamento universal através de um incêndio global como em Sf 1,18b e 3,8 deve ter surgido muito próximo do texto Dn 7,9-12, isto é, no século II a.C.

Por fim, H. Irsigler[103] se pergunta pela causa que fez surgir textos com os de Sf 1,2s.17s; 3,8 ou também Dn 7,9-12 e outros textos semelhantes. Ele é da opinião de que textos como esses, que tratam do julgamento final e definitivo sobre toda a terra, sobre todos os seus habitantes e sobre os demais seres criados, só podiam ter surgido a partir de um pano de fundo histórico como uma situação política, econômica e social caótica, uma opressão demorada e cruel de partes consideráveis da população de um país e de ausência total da vigência do direito e da justiça. Os gritos, os clamores e os gemidos de pessoas de grupos sociais fizeram surgir tais textos que bradam por justiça, pelo respeito dos direitos fundamentais dos seres humanos e por vida digna. Eles suplicam ao Deus da justiça e da solidariedade que acabe com este mundo de sofrimento e faça surgir um outro onde Deus seja o rei de todos e as pessoas possam viver em fraternidade e irmandade (cf Sf 2,1-3).

---

[102] *Ibidem*, pp. 186s.
[103] *Ibidem*, pp. 187s.

PARTE II

O núcleo central do livro do profeta Sofonias, Sf 2,1-3,8, contendo exortações e ameaças ao povo do Reino de Judá exemplificadas nas desgraças vindouras sobre seus povos vizinhos, também se compõe de três grupos de textos. O primeiro grupo apresenta a última chamada para escapar da desgraça no 'dia de Iavé': Sf 2,1-3; o segundo grupo de textos descreve as desgraças vindouras sobre os povos vizinhos do Reino de Judá: Sf 2,4-15; e o último grupo de textos descreve as desgraças vindouras sobre grupos de jerusalemitas: Sf 3,1-8.

2.1 A última chamada para escapar da desgraça no 'dia de Iavé': Sf 2,1-3

A perícope, Sf 2,1-3, não só na sua relação literária no livro de Sofonias provoca opiniões divergentes entre os pesquisadores, mas também na compreensão de seu conteúdo. Isto já se percebe nas traduções diferentes do texto hebraico para o português. Na Bíblia editora Vozes/Santuário, 1992, e na Bíblia de Jerusalém, 2002, a perícope Sf 2,1-3 conclui a primeira parte, Sf 1,2-2,3. O biblista G. Gorgulho[104] tem a mesma opinião quando escreve que: "Sf 2,1-3 seria a conclusão deste pequeno panfleto"[105]. Na parte anterior desse panfleto, Sf 1,7-16, ele detecta um quiasmo palindrômico concêntrico, cujo tema é o 'dia de Iavé'[106]:

A: Proximidade do 'dia de Iavé' (v. 7)
B: Acerto de contas (***pakad***) com a classe dominante (vv. 8s)
C: Ruína de Jerusalém (vv. 10s)
B´: Acerto de contas (***pakad***) com a classe dominante (vv. 12s)
A´: Proximidade do 'dia de Iavé' (vv. 14-16)

Para o comentarista H. Irsigler[107], no entanto, o texto Sf 2,1-3 não faz parte da primeira unidade literária, mas da segunda que é Sf 2,1-3,8. Em Sf 2,1-3 encontra-se uma exortação e uma ameaça para o povo de

---

[104] GORGULHO, Gilberto. *"Sofonias e o valor histórico dos pobres",* RIBLA 3, 1989, pp. 26-35, especialmente p. 27.
[105] ***Ibidem***, p. 27.
[106] ***Ibidem***, p. 27.
[107] IRSIGLER, H. ***Zefanja***, p. 192.

Judá, fundamentada na desgraça vindoura sobre os povos vizinhos (Sf 2,4-15). O sinal desta conexão é o termo hebraico *gôy*, 'nação, povo', empregado no singular em Sf 2,1.5a.9f.14a e no plural em Sf 2,11c; 3,6a.8c.

No tocante à compreensão do conteúdo de Sf 2,1-3, que se expressa em diferentes traduções, há também divergências entre os peritos. O exegeta G. Gorgulho[108] traduz Sf 2,1a assim: **Amontoai-vos, amontoai-vos, ó gente sem vergonha.** A Bíblia Vozes/Santuário, a Bíblia TEB, 1995, e a Bíblia de Jerusalém, 2002, têm quase a mesma versão para o português. O comentarista H. Irsigler, no entanto, traduz Sf 2,1a bastante diferente: **Amontoai-vos, amontoai-vos, ó povo que nada aspirais.**[109]

As diferenças surgem da compreensão do substantivo no vocativo com o verbo hebraico no particípio *hagôy lo' niksap*, *ó povo que nada aspirais*. Qual é o sentido do verbo hebraico *kasap*? Este verbo aparece em Gn 31,30; Jó 14,15; Sl 17,12; 84,3 no sentido de 'suspirar, ter saudade, aspirar'. No Sl 84, que é um salmo de peregrinação, o salmista expressa: **Minha alma suspira e desfalece pelos átrios de Iahweh.** Por isso H. Irsigler, então, traduz a frase no vocativo em Sf 2,1a assim: **Ó povo que nada aspirais!** Isto é, o povo que é indiferente, passivo, neutro, que não aspira nada. Em vista de tudo isto vamos tentar uma tradução bastante literal:

> *Amontoai-vos, amontoai-vos, ó nação que nada aspirais, antes que sejais espalhados, como palha que desaparece em um dia, antes que venha sobre vós o ardor da ira de Iavé, antes que venha sobre vós o dia da ira de Iavé. Procurai a Iavé todos os pobres da terra que praticais seu direito. Procurai a justiça, procurai a pobreza, talvez sejais protegidos no dia da ira de Iavé.*

Vamos agora fazer uma exegese desta perícope, procurando entendê-la melhor e familiarizarmo-nos mais com o conteúdo deste oráculo profético sofoniano.

V. 1: *Amontoai-vos, amontoai-vos, ó nação que nada aspirais!*

O verbo hebraico *qashash*, 'amontoar, juntar em feixes' e o substantivo hebraico *qash*, 'haste do cacho de trigo, cevada ou outro cereal', fazem pensar no corte das hastes com os cachos de cereais na hora da colheita, juntadas em feixes e estes são depois amontoados num lugar determinado.

---

[108] GORGULHO, G. *"Sofonias e o valor histórico dos pobres"*, p. 27.
[109] IRSIGLER, H. *Zefanja,* pp. 194-198.

Os cachos de cereais são depois batidos para debulhar seus grãos. Os grãos e a palha são separados quando eles, numa peneira, são jogados para cima em dia de vento forte, formando os montes de grãos e de palha. Segundo H. Irsigler[110], o profeta Sofonias convoca o 'povo sem aspiração' a se amontoar num lugar como feixes de cereais. Este lugar seriam as cidades fortificadas no território do Reino de Judá, onde a população deste território estaria protegida diante do exército inimigo que vem do norte. Isto o profeta concretiza quando fala da proximidade do 'dia de Iavé' em Sf 1,16: **Dia da trombeta e do grito de guerra contra as cidades fortificadas e contra as ameias elevadas.** Essa convocação externa da população da região rural para as cidades muradas e fortalezas pelo profeta contém, para H. Irsigler[111], uma certa dose de ironia. Porque os feixes de cereais quando colhidos indicam uma separação entre os grãos que são recolhidos e a palha que é espalhada. Assim uma parte da população, abrigada nas cidades fortificadas, será espalhada como palha para o exílio e a outra como trigo será protegida e conservada diante da invasão do exército inimigo. Há dois textos proféticos que descrevem em detalhes a situação à qual Sofonias se refere. Um é Jr 4,5-8. Nos vv.5-6 o profeta Jeremias convida a população israelita a se refugiar nas cidades com muro diante do exército inimigo que vem do norte: **Reuni-vos! Entremos nas cidades fortificadas ... Fugi! Não fiqueis parados! Porque eu trago desgraça do Norte, ruína enorme.** E o outro texto é do profeta Habacuc: **Sim, eis que eu suscitarei os caldeus, esse povo cruel e impetuoso, que percorre vastas extensões de terra para conquistar habitações que não lhe pertencem** (v.6; cf. Hab 1,5-11).

Quem nós devemos imaginar na frase que inicia com o substantivo no vocativo: ***Ó nação, que nada aspirais!*** (Sf 2,1a)? H. Irsigler[112] julga primeiramente que esse 'povo que nada aspira' não pode ser idêntico com as pessoas chamadas 'os pobres da terra', no v.3a. Este grupo de pobres se diferencia do 'povo que nada aspira' no v. 1a porque 'os pobres da terra' aspiram por Iavé, o desejam e o buscam avidamente. Eles, por conseguinte, já praticam o direito, isto é, a ordem estabelecida por Iavé. Este grupo não é como aquele do v.1a que 'nada aspira', e é indiferente, neutro, parado. O grupo destacado em Sf 2,3a destoa de tal maneira do seu contexto

---

[110] I*Ibidem*, pp. 201s.
[111] *Ibidem*, p. 201.
[112] *Ibidem*, pp. 202s.

atual que faz supor que Sf 2,3a seja um acréscimo posterior. As razões desta suposição apresentaremos mais tarde, quando fizermos a exegese de Sf 2,3a.

Mas o que entende H. Irsigler[113] mesmo com a frase: *ó nação que nada aspirais* em Sf 2,1a? Ele é da opinião de que este grupo de pessoas da sociedade israelita deva ser comparado com as pessoas em Jr 8,14: *Por que permanecemos tranquilos? Reunamo-nos! Vamos para as cidades fortificadas para sermos ali reduzidos ao silêncio, pois Iahweh nosso Deus nos reduzirá ao silêncio e nos fará beber água envenenada, porque pecamos contra Iahweh.* No texto de Jeremias fala-se também de um povo inativo, parado, tranquilo como em Sf 2,1a. Portanto, na frase *ó povo que nada aspirais* em Sf 2,1a devemos supor uma ampla camada da sociedade que está sem rumo, sem poder de reação e de decisão. Vive na letargia e passividade. É exatamente esta parte da população israelita que Sofonias quer sacudir, questionar e desafiar com o oráculo em Sf 2,1-3. Isto ele faz concretamente no v. 3b convidando, exortando, apelando a 'procurar a justiça e a pobreza', porque somente assim 'talvez' ele será protegido e abrigado por Iavé no dia da concretização de sua ira. Para H. Irsigler[114], os dois verbos hebraicos *kasap*, 'aspirar, suspirar, ter saudade' e *baqa*, 'procurar, buscar avidamente', se complementam muito bem.

Será que não dá para concretizar ainda mais quem devamos subentender na expressão *ó nação que nada aspirais*? H. Irsigler[115] é da opinião de que o grupo de pessoas de Sf 2,1a não tem nada a ver com os grupos de pessoas em Sf 1,4-6.8-13, especialmente com aqueles e aquelas prepotentes que dizem em seu coração: *Iahweh não pode fazer nem o bem nem o mal* (Sf 1,12). Em vista disso, H. Irsigler é do parecer que "Sf 2,1 dirige-se primeiramente ao povo do país de Judá em contraposição ao de Jerusalém"[116]. Ele baseia sua afirmação no já empregado termo hebraico *gôy*, 'povo, nação, gente' que se refere mais às amplas camadas sociais da população rural do que aos grupos de dirigentes, residentes em Jerusalém (Sf 3,1-4). Na frase *ó nação que nada aspirais*, portanto, ele imagina pequenos agricultores e latifundiários do interior do Reino de Judá. Entre estes pode haver pessoas capazes de ouvir a última chamada de Sofonias e de se converter a Iavé (Sf

---

[113] *Ibidem*, p. 202.
[114] *Ibidem*, p. 203.
[115] *Ibidem*, p. 203.
[116] *Ibidem*, p. 203.

2,3b) como também pessoas que agem sem escrúpulos para se enriquecer às custas dos outros (Sf 1,8-13; 3,1-4) e não darão a mínima importância à última chamada de Sofonias. Em todo o caso, o grupo aludido na frase *ó nação que nada aspirais* não pode ser confundido com os grupos corruptos, idólatras e assassinos de Jerusalém para quem Sofonias só ainda anuncia seu fim (Sf 1,4b.11.13). A última chamada em Sf 2,1-3 não será ouvida por esses grupos da capital. Para eles o profeta não vê mais saída, para eles não há mais esperança. Algo semelhante nós encontramos em Jr 34,8-22, onde para alguns grupos de pessoas da sociedade israelita não há mais futuro:

> *Os príncipes de Judá e os príncipes de Jerusalém, os eunucos, os sacerdotes e todo o povo da terra, que passaram entre as partes do bezerro, eu os entregarei nas mãos de seus inimigos e nas mãos daqueles que procuram sua vida: seus cadáveres servirão de alimento aos pássaros do céu e aos animais da terra* (Jr 34,19s).

V. 2a: ... antes que sejais espalhados como palha que desaparece em um dia ...

O texto hebraico atual é de difícil compreensão. Optamos pela tradução da Bíblia de Jerusalém, 2002, que faz pensar numa tempestade desastrosa. Como ela vai provocar muita destruição, assim virá Iavé sobre os israelitas amontoados nas cidades muradas, das quais muitos serão espalhados como palha. Esta mesma imagem do inimigo que vem como tempestade e espalha uma parte da população como palha, aparece em Jr 13,24: ***Eu vos dispersarei como uma palha que voa ao vento do deserto*** (cf. Is 29,5-6). Esta imagem da palha, que é levada embora pelo vento forte, corresponde ao verbo 'amontoar'. Este verbo aponta para a atividade de cortar as hastes dos cachos de cereais que, depois de juntados em feixes, são amontoados num determinado lugar. Ai os cachos de cereais são batidos para que os grãos sejam debulhados. Estes são recolhidos e guardados, enquanto que a palha, jogada para cima, é espalhada pelo vento e ***desaparece num dia*** (v.2a). Esta imagem alude aos israelitas que são espalhados pelo mundo na deportação pelos babilônios.

V. 2b: ... antes que venha sobre vós o ardor da ira de Iavé...

A imagem do 'ardor da ira de Iavé' se dirige para as hastes dos cereais que ficaram na roça, como uma espécie de restolho. Como o fogo virá sobre este restolho e o devorará assim também virá o 'ardor da ira de Iavé' sobre aqueles e aquelas israelitas que ficaram no país de Israel e não foram espalhados para o exílio. Esta mesma imagem e realidade aparecem, para H. Irsigler[117], em vários textos bíblicos como, por exemplo, Ex 15,7: **Pela grandeza de tua glória destróis os teus adversários, desencadeias tua ira, que os devora como palha** (cf. Na 1,6.10; Is 5,24s; 29,5s; Os 11,9; Jr 4,8; Lm 1,12).

As duas imagens, a do vendaval que espalha para longe a palha e a do fogo devorador das hastes dos cereais que restam na terra em Sf 2,2a-b, indicam a vinda da desgraça com muita destruição. Estas imagens de destruição, constata H. Irsigler[118], estão em contradição direta com Sf 2,3b. Em Sf 2,3b o profeta Sofonias se dirige a pessoas para que procurem e busquem a justiça e a pobreza. Se agirem assim 'talvez' serão protegidos e abrigados por Iavé. Entre estes há uma chama de esperança. A nação que nada aspira, amontoada nas cidades fortificadas e nas fortalezas, não se salvará pela proteção das muralhas e pelo seu amontoamento ali. Porque uma parte será levada para o exílio como o vento espalha a palha e a outra será devorada pelo ardor da ira de Iavé como o fogo consome o restolho das roças. E uma terceira parte, que não só se protege externamente na cidade murada, mas se abriga internamente em Iavé, buscando a justiça e a pobreza, se salvará. Esse convite e apelo, essa exortação, o profeta Sofonias dirige a todos os israelitas, mulheres e homens. E inclusive o repete a todos e a todas de Jerusalém. Assim ninguém, tanto do interior como da capital, tem a desculpa de poder afirmar que não conhecia o projeto e a vontade do Deus Iavé para suas vidas. A vinda da tempestade, personalizada no exército inimigo, concretizando o ardor da ira de Iavé, ninguém poderá evitar. A intervenção de Iavé, Sofonias anuncia como acontecimento que virá com toda a certeza. Ela certamente se concretizou nos anos 597 e 587 a.C. com o cerco e a conquista de Jerusalém, com exílio, morte e destruição generalizada pelo exército da Babilônia. A passagem 2Rs 25,12 atesta que sobrou apenas um pequeno resto: **Do povo pobre da terra, o comandante da guarda deixou uma parte, como viticultores e agricultores.**

---

[117] *Ibidem*, p. 204.
[118] *Ibidem*, p. 204.

V. 2c: *... antes que venha sobre vós o dia da ira de Iavé.*

Essa parte do v.2 só tem de diferente em relação ao v.2b a expressão 'dia da ira', em vez da outra 'ardor da ira'. Em vista disso, o v.2c é considerado um acréscimo posterior, pois apenas repete o conteúdo do v.2b. O redator do v.2c quis somente enfatizar, segundo H. Irsigler[119], que o 'dia da ira de Iavé', já anunciado anteriormente, virá com toda a certeza.

V. 3a: *Procurai a Iavé todos os pobres da terra que praticais seu direito.*

Na forma de tratamento, o v.3 se assemelha ao v.1, pois ambos formulam seus conteúdos no imperativo: **Amontoai-vos** (v.1) *... procurai* (v.3). As pessoas, no entanto, a quem as frases no vocativo dirigem seus apelos, são muito diferentes, até opostos. Enquanto que no v.1 os israelitas com suas famílias são convidados a se amontoar como feixes de cereais nas cidades fortificadas e fortalezas e não aspiram nada, os israelitas com suas famílias no v. 3 são convidados a procurar a Iavé e a buscar a justiça e a pobreza. Estes já buscam a Iavé na observância do seu direito, ao passo que as pessoas do v.1 não aspiram nada, são passivas, indiferentes, vivem num estado de letargia e acomodação.

As frases no imperativo no v.3, além disso, dirigem-se a grupos diferentes. Enquanto que as frases no imperativo no v. 3b estão voltadas para toda a população israelita, o imperativo no v.3a está endereçado a **todos os pobres da terra.** H. Irsigler[120], por isso, observa, com razão, que o grupo de pessoas do v.3a está bastante limitado e bem circunscrito em hebraico **kol 'anwey haretz**, 'todos os pobres da terra'. Esta mesma expressão encontra-se no Sl 76,10: *... quando Deus se levanta para julgar e salvar todos os pobres da terra.* A formulação ' todos os pobres da terra' ou simplesmente os 'pobres da terra' parece referir-se a um grupo de pessoas bem definido e concretamente caracterizado. Nisso o v.3a distingue-se nitidamente do v.3b. O apelo do v.3b volta-se para todas as pessoas, sem exceção. Isto leva H. Irsigler a considerar o v. 3a uma adição posterior[121], elaborado por um redator que pertence ao grupo dos 'pobres da terra'. Ele criou o texto do v. 3a

---

[119] ***Ibidem***, p. 204.
[120] ***Ibidem***, p. 205.
[121] ***Ibidem***, p. 205.

e o colocou na frente do v. 3b[122]. Aliás, desse mesmo redator provém, conforme H. Irsigler, certamente ainda os textos Sf 1,6 e 3,11-13. Esses três textos, Sf 1,6; 2,3a e 3,11-13, são muito semelhantes, revelam a mesma mentalidade e parecem ser escritos pela mesma pessoa; eles se interligam e se complementam[123].

O nome e a denúncia da triste realidade dos 'pobres da terra' originaram-se, segundo H. Irsigler[124], a partir dos oráculos do profeta Amós: ***Ouvi isto, vós que esmagais o indigente e quereis eliminar os pobres da terra*** (Am 8,4) e do profeta Isaías: ***Ele julgará os fracos com justiça, com equidade pronunciará sentença em favor dos pobres da terra*** (Is 11,4). Os 'pobres da terra', nessas duas passagens, são claramente os pobres no sentido social e econômico e, nesta condição, eles são ainda violentamente oprimidos e explorados (cf. Jó 24,4). Os profetas optaram por eles e os defendem, denunciando as injustiças cometidas contra eles.

Os 'pobres da terra' em Sf 2,3a são conclamados a buscar a Iavé. Estes, então, são o contrário daqueles israelitas de Sf 1,6: ***... os que se afastam de Iahweh, que não o procuram nem o consultam.*** Os 'pobres da terra' no v.3a já estão praticando o direito de Iavé, isto é, seu projeto e sua vontade. O apelo feito a estes tem, para H. Irsigler[125], o sentido de encorajá-los nesta sua opção por Iavé para que não esmoreçam e nem desanimem. Vivendo assim eles são o ***Resto de Israel, um povo pobre e humilde que procura refúgio no nome de Iahweh*** (Sf 3,12s).

O tema dos 'pobres de Iavé' é muito rico no AT. Vamos acrescentar mais algumas reflexões sobre este assunto. Assim, para H. Irsigler[126], os 'pobres da terra' em Sf 2,3a e 3,11-13 se assemelham bastante àqueles que procuram a Iavé e buscam sua face, nos Salmos, que se expressa sobretudo na participação deles da liturgia: ***Esta é a geração dos que o procuram, dos que buscam tua face, ó Deus de Jacó*** (Sl 24,6; cf. 27,8; 105,3s).

E, além disso, os 'pobres da terra' são aquele grupo de pessoas que buscam ser fiel a Deus em todos os momentos da vida, como Jr 29,12s sintetiza tão bem: ***Vós me invocareis, vireis e rezareis a mim, e eu vos escuta-***

---

[122] *Ibidem*, p. 206.
[123] *Ibidem*, pp. 205s.
[124] *Ibidem*, p. 205.
[125] *Ibidem*, p. 206.
[126] *Ibidem*, p. 206.

rei. Vós me procurareis e me encontrareis, porque me procurareis de todo o coração (cf. Dt 4,29; Is 51,1; 65,1; Sl 9,11; 40,17; 69,7; 78.34; Pv 28,5; Esd 8,22s).

O grupo dos 'pobres da terra' (Sf 2,3a) ou o 'resto de Israel' fiel a Iavé (Sf 3,12s) sempre existiu ao longo da história do povo de Israel, apenas seus nomes mudaram. Espontaneamente nos vem à mente o grupo de Noé, de Abraão, de Moisés, dos profetas, de Jesus. Esse grupo poderia ser reduzido até a apenas uma só família, como a de Ló, sua mulher e suas duas filhas (Gn 19,15-26), mas sempre existiu. O grupo dos 'pobres da terra' ou dos 'pobres de Iavé' é uma grandeza social que, conforme H. Irsigler[127], se formou e cresceu de importância sobretudo no período pós-exílico, sob o domínio dos persas, nos séculos V e IV a.C. Para ele, especialmente nos Salmos se fala dos 'pobres de Iavé': eles são os protegidos de Iavé (Sl 147,6); Iavé os instrui no seu direito e lhes ensina seu caminho (Sl 25,9); ele lhes dá comida, eles o louvam e se alegram nele (Sl 22,27; 34,2s; 69,33s); *os pobres possuirão a terra e se deleitarão com paz abundante* (Sl 37,11). Ele até chega a pensar que, no Sl 149,4s, se alude a toda a comunidade de Israel, reunida para a liturgia, no tempo pós-exílico. Esta comunidade de Israel, reunida em assembleia para o culto, se entende como os 'pobres de Iavé'. Em vista de tudo isso, ele conclui:

> Assim, em Sf 2,3a, não se trata de um 'partido' dos pobres, mas antes de uma camada ou grupo, espiritualmente determinado, de fiéis a Iavé na terra de Judá, no tempo pós-exílico, no tempo dos persas, no século V ou até no IV a.C. ... É possível que nós devemos a interpolação do v. 3a a um representante desta camada ou grupo[128].

Quando a Bíblia Hebraica foi traduzida para o grego, meados do século III a.C., a expressão hebraica 'pobres da terra' em Sf 2,3a foi traduzida em grego por *tapeinoi gués*. Desta forma eles continuam a existir, conforme H. Irsigler[129], pois eles estão na base e subjazem em algumas bem-aventuranças em Mt 5,1-12.

---

[127] *Ibidem*. p. 206.
[128] *Ibidem*, p. 206.
[129] *Ibidem*, p. 211.

V. 3b: *Procurai a justiça, procurai a pobreza, talvez sejais protegidos no dia da ira de Iavé.*

O v.3b é a continuação lógica de Sf 2,1-2c. A convocação ao amontoamento do povo que nada aspira para as cidades fortificadas e fortalezas do território de Judá (v.1), fundamentada e motivada pela ameaça de destruição, visava sacudir a população, arrancá-la de sua letargia e indiferença, sair de sua postura de não querer nada com nada. A ameaça de destruição se refere tanto aos feixes de cereais amontoados nos locais de proteção diante do exército inimigo, pois sua palha será dispersada pela tempestade, como aos restos das hastes que se encontram nas roças, porque eles serão consumidos pelo fogo do ardor da ira de Iavé. A seriedade da situação para a população israelita não pode ter sido pintada com mais detalhes e de modo mais concreto. Não há mais tempo a perder. A busca da justiça e a procura da pobreza são para aqui e agora. E mesmo assim esta conversão para Iavé não oferece nenhuma garantia de que não se vai sofrer as consequências da intervenção furiosa de Iavé. O advérbio 'talvez' deixa, no entanto, a porta aberta.

O apelo sério e insistente do profeta em Sf 2,3b: ***procurai a justiça, procurai a pobreza,*** é único em toda a Bíblia. O que o profeta Sofonias explicita com este forte convite: ***procurai a justiça?*** Este apelo, em hebraico ***baqshu tzedeq***, 'procurai a justiça', é, segundo H. Irsigler[130], muito frequente no ambiente sapiencial. Nos escritos do AT 'justiça' não é apenas uma virtude, mas um programa de vida pessoal e comunitário. Isto se manifesta em Pv 21,21: ***Quem procura a justiça e o amor encontrará vida, justiça e honra*** (cf. Pv 15,9; Dt 16,20; Is 1,17; 16,5; 51,1; Ez 18,22).

O termo 'pobreza', em hebraico *'anawah*, é também muito empregado em círculos sapienciais. Nos escritos sapienciais a 'pobreza' é entendida, segundo H. Irsigler[131], como solidariedade para com as outras pessoas, promovendo-lhes a vida. Muitos, no entanto, traduzem o termo hebraico *'anawah* por 'humildade', isto é, por simplicidade diante de Deus e das pessoas, cujo oposto é a prepotência e a arrogância. Pv 22,4 destaca os frutos da pobreza ou da humildade: ***O fruto da pobreza/humildade é o temor de Iahweh, a riqueza, a honra e a vida*** (cf. Pv 15,33; 18,12; Eclo 3,17-

---

[130] ***Ibidem***, p. 207.
[131] ***Ibidem***, p. 207.

19). H. Irsigler sintetiza seu pensamento afirmando que "em Sf 2,3b-d a relação entre 'justiça' e 'humildade' tem como tônica uma atitude que promove a comunidade e a vida da comunidade, protegendo especialmente os membros mais fracos"[132]. Em termos de conteúdo Sf 2,3b-c está muito próximo de Mq 6,8. Nessas duas passagens encontra-se, segundo H. Irsigler[133], um programa de vida: caminhar com Deus, praticando a justiça e amando a bondade: **Foi-te anunciado, ó pessoa, o que é bem, e o que Iahweh exige de ti: nada mais do que praticar a justiça, amar a bondade e te sujeitares a caminhar com teu Deus** (Mq 6,8). A passagem Mq 6,8 é, para H, Irsigler[134], um texto pós-exílico da época persa. Abstraindo-se das diferenças entre as duas passagens em termos de contexto histórico, forma de falar, tendência formativa e instrução, elas oferecem, para ele, uma bela síntese do que é chamado de 'unidade entre fé e vida'.

O autor[135] relaciona Sf 2,3b-c também com o profeta Isaías de Jerusalém, em cuja tradição o profeta Sofonias igualmente se encontra. Ele percebe isto na relação entre Is 6,1-11, em cuja visão majestosa de Iavé, Isaías percebe sua pobreza e impureza. E Is 5,16, onde se explicita que **o Deus santo mostra sua santidade pela justiça** (cf. Is 2,12-17; 3,8; 3,16-4,1).

Às pessoas que seguem o programa de vida: pobreza e humildade diante de Deus bem como justiça e solidariedade para com as pessoas, o profeta Sofonias anuncia uma possibilidade de salvação: **talvez sejais protegidos no dia da ira de Iahweh** (v.3d). H. Irsigler[136] relaciona Sf 2,3d com os oráculos do profeta Amós. Este atuou aproximadamente uns cento e trinta anos antes. Ele tem também um oráculo, no qual há igualmente um 'talvez': **Odiai o mal e amai o bem, estabelecei o direito à porta; talvez Iahweh, Deus dos exércitos tenha compaixão do resto de José** (Am 5,15). Em Am 5,4 o profeta apresenta a mesma condição de sobrevivência como o profeta Sofonias. Eis o oráculo de Amós: **Assim falou Iahweh à casa de Israel: Procurai-me e vivereis!** (cf. Am 5,4-6). Seus oráculos se realizaram pouco depois, transformando o Reino do Norte, em 733 a.C., num tronco desbastado e em 722 a.C. ele até deixou de existir.

---

[132] *Ibidem*, pp. 207s.
[133] *Ibidem*, p. 208.
[134] *Ibidem*, p. 208.
[135] *Ibidem*, p. 208.
[136] *Ibidem*, p. 208.

O autor[137] observa que Sofonias emprega, no v. 3d, o verbo hebraico *satar*, que tem tanto o sentido de 'esconder-se' como de 'ser protegido'. É nisto que o profeta Sofonias talvez esteja pensando. Diante da tempestade do exército inimigo e do fogo abrasador, alguns conseguem se esconder e assim seriam protegidos diante da ira de Iavé. Ele resume sua reflexão assim: "Mesmo que os judeus cumprissem as exigências proféticas de Sf 2,3b-c, é somente um 'talvez', um lampejo de esperança, que se lhes abre, não é garantia de salvação"[138].

A análise de Sf 2,1-3 revelou que a mensagem de Sofonias, através desta perícope, está endereçada a uma ampla camada de israelitas; ela não se dirige, em primeiro lugar, às lideranças políticas e econômicas do Reino de Judá, residentes em Jerusalém. A convocação ao amontoamento do povo que nada aspira (v.1) do interior do Reino de Judá faz pensar numa junção de pessoas que se amontoam nas cidades fortificadas e nas fortalezas (Sf 1,16) e que assim querem se proteger e se salvar diante da tempestade do exército inimigo (Jr 4,5s; 8,14s). O profeta não é contra essa estratégia de procurar proteção diante do eminente perigo da invasão do exército babilônico. Só que ao comparar esse povo amontoado com feixes de cereais, ele quer relembrar que a palha dos cereais é um material que facilmente é espalhado pelo vento e é altamente inflamável. Se o profeta está pensando na invasão do exército babilônico no tempo de Nabucodonosor nos anos 597 e 587 a.C., então este tipo de segurança é enganoso e frágil. Pois, de fato, uma parte de israelitas foi deportada para a Babilônia, outra parte foi morta e uma terceira foi salva. Esta mesma desgraça, Sofonias anuncia para as cidades filisteias em Sf 2,4: *Sim, Gaza será abandonada, Ascalon será um deserto, Azoto, em pleno meio dia, será expulsa, Acaron será desarraigada.* Isto aconteceu, como já foi dito acima, pelo exército de Nabucodonosor em 604 a.C.

Com esses anúncios de destruição, exílio e morte, o profeta quer acordar a população que nada aspira. Ele visa tirá-la de sua letargia, indiferença e passividade e dispô-la para o que esse povo mais necessita nesta hora dramática e séria: Buscar a justiça e a pobreza (v. 3), isto é, pobreza e humildade diante de Iavé, traduzida social e eticamente em justiça e solidariedade para com as outras pessoas, especialmente as economicamente

---

[137] *Ibidem*, p. 208.
[138] *Ibidem*, p. 209.

fracas e as legalmente dependentes. A vivência desse programa de vida, com espiritualidade e mística, 'talvez' possa proteger no dia da ira de Iavé (Mq 6,8).

A análise exegética da perícope Sf 2,1-3, contendo sobretudo o apelo de última hora: **buscai a justiça e a pobreza, talvez sejais protegidos no dia da ira de Iavé,** permite tirar algumas conclusões. Este convite insistente de Sofonias revela uma solicitude do próprio Deus que não quer a morte do pecador, mas que se converta e viva (Ez 18,1-32; 33,10-20). Mas, por outro lado, respeita a liberdade humana, mesmo que ela conduza a pessoa ao sofrimento e à sua autodestruição. Esta última chamada visa sacudir principalmente a população israelita do interior do Reino de Judá para que escolha decididamente a vida e a felicidade e não a morte e a infelicidade (Dt 30,15). Esta derradeira exortação, em forma de ameaça, revela o amor de Deus que só quer o bem do seu povo.

Esta conclusão manifesta o rosto de Deus do profeta Sofonias. Este rosto de Deus ele certamente descobriu no ambiente religioso de seus antepassados com nomes javistas, isto é, formados com uma parte do nome do Deus Iavé. E da sua origem cuchita e africana. Este contexto religioso forjou nele a fé no Deus Iavé, o Libertador da opressão egípcia.

Uma outra conclusão refere-se à atualidade da mensagem sofoniana para a nossa realidade. Também hoje há pessoas empedernidas na injustiça e corrupção que dificilmente vão dar importância a um apelo tão sério relativo à procura da justiça e pobreza. Mas há também pessoas que mudam de vida e buscam a justiça e a pobreza como um programa de vida com mística e espiritualidade.

Uma outra conclusão refere-se à convicção do profeta Sofonias de que Deus pode tardar, mas não falha. Ele intervém na história, mesmo que tenha que usar o exército babilônico que era cruel, opressor e exterminador. Esta intervenção de Deus na história Sofonias chama de 'Dia de Iavé'. Não há profeta veterotestamentário que descreva com tantos detalhes e com tamanha intensidade do que Sofonias. A expressão 'Dia de Iavé' já foi usada por profetas anteriores a ele.

Parece-nos oportuno concluir esta pesquisa sobre o profeta Sofonias, com a análise de um oráculo seu, com a letra de um hino, muito cantado nas nossas comunidades: "Profetas te ouviram e seguiram tua voz; andaram mundo a fora e pregaram sem temor. Seus passos tu firmaste, sustentando seu vigor. Profeta, tu me chamas: vê, Senhor, aqui estou". E com a 'sequência' no formulário da missa pelos falecidos do século XII, inspirado na profecia de Sofonias[139]:

1 "Dia de ira, aquele dia que tudo em cinzas fará, Diz David e a Sibila. 2 Que temor há-de então ser Quando o Juiz vier Julgar tudo com rigor? 3 O som forte da trombeta Entre os jazigos dos mortos Junto ao trono os levará. 4 Todo o mundo há-de pasmar Quando a criatura se erguer Para responder ao Juiz. 5 Um livro será trazido No qual tudo está contido Por onde há-de ser julgado o mundo. 6 Quando o Juiz se sentar Todo o oculto há-de aparecer Nada impune ficará. 7 Que hei-de eu, pobre, então dizer? A quem hei-de recorrer Se nem o justo está seguro? 8 Rei tremendo em majestade, Que por favor nos salvais, Salvai-me por piedade! 9 Recordai-Vos, bom Jesus, Que por mim do Céu descestes; Não me percais nesse dia. 10 Por me buscar, Vós cansastes Em me remir padecestes; Não seja em vão tanta dor! 11 Juiz justo e de vingança, Dai-me o Dom de Vossa graça Antes que vá a Juízo. 12 Gemo, como sendo réu; Sinto pejo do pecado; Suplico, perdoai-me. 13 Vós que absolvestes Maria E ao ladrão não desprezastes E a mim destes uma esperança. 14 Minhas preces não são dignas, Mas Vós que sois bom, por clemência Não me abandoneis ao fogo. 15 Colocai-me entre as ovelhas, Separai-me então dos bodes, Dai-me lugar à direita. 16 Confundidos os malditos, Entregues ao fogo eterno, Chamai-me com os escolhidos. 17 Peço humilde e suplicante, De coração como a cinza: Havei cuidado de mim. 18 Dia de lágrimas, esse dia Em que do pó se erguerá O homem, para ser julgado 19 Perdoai-lhe, Senhor Deus, Vós que sois bom, ó Jesus, Dai-lhes um repouso eterno. Amém

2.2 Sf 2,4-15: A concretização do 'dia de Iavé' nas desgraças para os povos vizinhos de Judá

A unidade literária, Sf 2,4-15, que trata da concretização do 'dia de Iavé' nas desgraças que cairão sobre os povos vizinhos do Reino de Judá, não existia desde os tempos do profeta Sofonias. Ela foi criada e composta talvez na época exílica ou pós-exílica. Ela, não há dúvida, contém oráculos genuínos e autênticos de Sofonias. Estes foram juntados, reinterpretados e atualizados pelos redatores desta unidade para o tempo deles.

---

[139] LEFEBVRE, Gaspar. **Missal Quotidiano e Vesperal,** Bruges (Bélgica): Desclée de Brouwer & CIE, 1951, pp. 1810-1812.

A criação do conjunto literário, Sf 2,4-15, segue um esquema geográfico bem definido. O primeiro oráculo de desgraça é dirigido à Filisteia, isto é, aos habitantes que moram a oeste do Reino de Judá, Sf 2,4-7. O seguinte oráculo é endereçado aos moradores de Moab e Amon, isto é, a leste do povo de Israel. O outro oráculo está destinado aos residentes do país de Cuch ou Núbia ou Etiópia, que se situa ao sul de Judá, O quarto oráculo está direcionado aos assírios, que moram ao norte do Reino de Judá. O ponto alto desse esquema geográfico são as pessoas que vivem no centro que são os israelitas de Jerusalém e do Reino de Judá em Sf 3,1-6.

A forma de transmitir à população um conteúdo através desse esquema geográfico não só se encontra no livro de Sofonias. O mesmo esquema, talvez com algumas variantes, pode ser encontrado em Am 1,3-2,16; Is 13-23; Jr 46-51; Ez 25-32.

Alguém poderia perguntar porque, segundo esse esquema geográfico, alguns países não são mencionados. Em Sf 2,4-15, de fato, os egípcios e os edomitas não são explicitados. Qual é a causa desta ausência? H Irsigler[140] com outros peritos são da opinião que estas duas nações não tinham sido conquistadas pelo exército de Nabucodonosor. Em vista disso, os oráculos em Sf 2,4-15 foram assim compostos entre os anos 580 a 550 a.C. Porque Edom foi apenas dominado pelos babilônios no tempo do rei Nabônides no ano de 553 a.C. e o Egito foi derrotado pelo rei persa Cambises no ano de 525 a.C.

A concretização do 'dia de Iavé' na desgraça para os filisteus, a oeste, beneficiando o resto da casa de Judá: Sf 2,4-7

Esta perícope Sf 2,4-7 se compõe de dois oráculos autênticos do profeta Sofonias, os vv. 4 e 5-6, e de uma adição pelo redator final do tempo do exílio ou mesmo depois dele, contendo uma promessa de ampliação do território para o **resto da casa de Judá** (v.7), em direção ao mar Mediterrâneo ao oeste.

---
[140] ***Ibidem***, p. 216.

As desgraças vindouras sobre as cidades filisteias: Sf 2,4

Sim, Gaza será abandonada, Ascalon será um deserto, Azoto, em pleno meio dia, será expulsa, Acaron será desenraizada.

Talvez seja surpreendente que o profeta Sofonias contenha um oráculo de desgraça para apenas quatro cidades filisteias, citando-as de sul a norte: Gaza, Ascalon, Azoto e Ecron. Faltou mencionar a cidade de Gat. Para H. Irsigler[141] o oráculo de Sofonias mesmo assim não é parcial, mas total, pois no livro deste profeta a sequência de quatro elementos sempre indica totalidade. Assim em Sf 1,4-5; 1,8-9; 3,3-4 são mencionados respectivamente quatro grupos de pessoas diferentes. Um outro exemplo é Sf 1,10-11 onde são destacados quatro lugares diferentes no bairro novo de Jerusalém. Em Sf 1,3 Deus vai suprimir tudo, isto é, quatro tipos diferentes de seres vivos. E em Sf 3,14 a alegria de Sião é completa por isso ela é descrita através de quatro verbos que expressam alegria. Gat, portanto, não é mais mencionada, porque ela não fazia mais parte da confederação das cinco cidades da Filisteia. Ela, no ano de 711 a.C., foi conquistada pelo rei assírio Sargão e submetida à província assíria de Azoto, perdendo assim sua autonomia política.

a) Gaza é uma das cidades filisteias citadas no oráculo de Sf 2,4. Ela é a mais sulina e a mais importante de todas. Ela está situada uns 5 km do mar Mediterrâneo e conectada com o mundo de então, especialmente com o Egito, ao sul, e com a Ásia, ao norte, pela Via Maris, **o caminho no país dos filisteus** (Ex 13,17; Is 8,23). Sua importância política e econômica baseia-se no comércio que flui de todos os lados.

O profeta Sofonias dirige-lhe um oráculo terrível como concretização da desgraça no 'dia de Iavé': **Gaza será abandonada** (v.4). Qual é a grandeza histórica que Deus vai escolher para aplicar à cidade de Gaza a deportação de sua população, a ponto de ficar abandonada! Será que o profeta Sofonias está pensando nos assírios, ou nos egípcios ou nos babilônios como os realizadores do seu oráculo de desgraça? Se Deus escolheu os assírios para aplicar à cidade de Gaza o furor de sua ira, então pode-se pensar em Teglat

---

[141] ***Ibidem**, p. 220.

Falasar no ano de 734 a.C. ou em Sargão no ano de 720 a.C. que impuseram à população de Gaza muito sofrimento com a deportação de sua liderança política e econômica e apropriando-se de suas riquezas principais. Mas se a fúria do 'dia de Iavé' caiu sobre a população de Gaza sob a mediação dos egípcios, já que a desgraça sobre as cidades filisteias se inicia com Gaza e termina com Acaron, ao norte, então temos que pensar nas expedições militares dos egípcios. Uma aconteceu nos anos de 616 e de 610 a.C. no governo do faraó Psamético I (664-610 a.C.) e a outra excursão militar foi liderada pelo faraó Neco (609-595 a.C.) no ano de 609 a.C. Essas ações militares tinham como finalidade socorrer o rei assírio, enfraquecido pelas guerras dos babilônios no tempo do rei Nabopolassar (626-605 a.C.). É de supor que elas primeiramente se dirigiram contra as cidades filisteias, conquistando-as. Os exércitos egípcios, então, primeiramente se adonaram de Gaza, pela Via Maris, e depois sucessivamente, do sul ao norte, sujeitaram as outras cidades da Filisteia, conforme a sequência geográfica indicada em Sf 2,4.

H. Irsigler[142] é do parecer que o anúncio de desgraça em Sf 2,4, realizando a ira no 'dia de Iavé', foi posto em prática pelo exército de Nabucodonosor. Pois a desgraça para cidades da Filisteia, articulada em Sf 2,4, deportando e exilando populações, é método típico dos dominadores da Mesopotâmia. Assim o exército de Nabucodonosor conquistou em 604 a.C. Gaza e as outras cidades da Filisteia, deportando seus reis e exilando para a Babilônia as lideranças políticas, econômicas, militares e religiosas das respectivas cidades. Um testemunho histórico é a inscrição dos nomes dos reis dos países do oeste num cilindro. O exército de Nabucodonosor fez com as camadas mais influentes das cidades filisteias o que fará mais tarde em 597 a.C. com o rei Joaquin em 2Rs 24,15: **Nabucodonosor deportou Jeconias para a Babilônia, a mãe do rei, suas mulheres, seus eunucos e os nobres da terra**, H. Irsigler[143] testemunha que havia na região de Nippur, ao sul da Mesopotâmia uma povoação composta por pessoas de Gaza.

Ascalon será um deserto (v.4b).

b) Esta é a desgraça anunciada pelo profeta Sofonias que vai cair sobre os habitantes desta cidade filisteia. Sua importância está no fato de que ela é uma cidade portuária e comercial, ligada à Via Maris, distante 20

---
[142] ***Ibidem***, pp.229s.
[143] ***Ibidem***, p. 230.

km de Gaza, ao norte. No ano de 733 a.C. ela foi conquistada pelo rei assírio Teglat Falasar e obrigada a pagar pesados tributos. O rei Senaqueribe depôs do trono, no ano de 701 a.C., o rebelde rei de Ascalon, deportando-o com sua família. Quando, porém, a Assíria, como a potência internacional, tornou-se decadente, o exército egípcio não só veio em socorro do rei assírio para se proteger diante da força militar dos babilônios, mas apoderou-se das cidades filisteias.

Quem, no entanto, tornou-se instrumento na mão de Deus para aplicar a desgraça para os habitantes de Ascalon, como o furor do 'dia de Iavé' em Sf 2,4, são os babilônios. O que já foi acima a respeito de Gaza, pode-se também dizer de Ascalon. Em dezembro do ano de 604 a.C. o exército de Nabucodonosor prendeu o rei de Ascalon, apoderou-se das riquezas desta cidade e de sua população, tornando Ascalon um monte de ruínas, um deserto, como anunciou o profeta Sofonias.

Azoto, em pleno meio dia, será expulsa (v.4c).

c) A expulsão, a deportação é a desgraça dirigida pelo profeta Sofonias contra a população de Azoto como aplicação do 'dia da ira de Iavé'. A expulsão da população de uma cidade, levando-a para o exílio, é o método tradicional do exército assírio, já sob o rei Teglat Falasar no ano de 733 a.C., e sob o rei Sargão em 712 a.C. bem como os demais reis assírios.

Por que a população de Azoto deve ser expulsa **em pleno meio dia**? Esta expressão popular certamente alude à rapidez com que o exército de Nabucodonosor conquistou Azoto. De manhã começou o combate e já ao meio dia, na hora do calor mais forte do dia, o rei de Azoto e parte considerável de sua população foram expulsos de sua cidade e levados para o exílio na Babilônia no ano de 604 a.C. Assim a desgraça do 'dia de Iavé' caiu sobre Azoto, uma cidade filisteia conhecida pelo seu comércio, especialmente do algodão de púrpura e de produtos têxteis, desde os séculos XIV e XIII a.C.

Acaron será desenraizada (v.4d).

d) O desenraizamento da população é a desgraça que vai cair sobre esta cidade filisteia, anunciada pelo profeta Sofonias como aplicação do furor do 'dia de Iavé'. Acaron encontra-se na planície da Sefelá, 35km a sudoeste de Jerusalém. Ela já existia antes que os filisteus a ocupassem. Escavações arqueológicas demonstram que Acaron era, no século VII a.C., o maior produtor de óleo de oliva. Como as outras cidades filisteias, Azoto foi dominada e contingentes consideráveis de sua população foram levados para o exílio tanto na época da dominação assíria como na da dominação babilônica. No ano de 604 a.C. o exército de Nabucodonosor não só destruiu a cidade e as dependências da produção de óleo de oliva, mas também a desenraizou de sua população.

As desgraças vindouras sobre os habitantes da confederação filisteia: Sf 2,5-6

Ai dos habitantes da liga do mar, da nação dos cereteus! A palavra de Iahweh contra vós: "Canaã, terra dos filisteus, eu te destruirei até que não haja mais habitante!" A liga do mar será transformada em pastagem em prado para pastores e em aprisco para as ovelhas.

Os vv.5-6, sem alguns acréscimos, contêm a palavra genuína de Sofonias, dirigida, de modo geral, contra os habitantes da Filisteia. Eles ampliam e aumentam a desgraça de Sf 2,4. Pois, ela não só se dirige aos habitantes filisteus, mas também a seu país. Por isso, eles iniciam com a expressão: *Ai de ...* é a típica lamentação que as pessoas dirigem a um morto (Sf 3,1-5; Am 5,16; Jr 22,18; 34,5; 1Rs 13,30). Quando um profeta apela para este modo de falar, ele explicita que a desgraça vai cair de modo iminente e com toda a certeza. O destinatário da desgraça é a liga, a confederação das cidades filisteias ou os cereteus. Estes não são habitantes da ilha de Creta, mas é um grupo étnico especial e destacado entre os filisteus. H. Irsigler[144] julga que sua origem provenha das ilhas do mar Egeu e se estabeleceu no território dos filisteus no tempo do reinado israelita (Ez 25,16; 1Sm 30,14; 27,10) e se integrou no meio deles.

O termo 'Canaã' parece ser uma adição. Se não for um acréscimo, então ele apenas quer explicitar que os filisteus são cananeus como os outros povos que vivem a oeste do rio Jordão e que se dedicam ao comércio. E é este tipo de população que vai ser desenraizado da Filisteia e substituído por pessoas que não se dedicam ao comércio. Elas são os pastores. Tanto Sf 2,4 como Sf 2,5 explicitam que a população que será desenraizada,

---

[144] *Ibidem*, p. 240.

destruída, e expulsa são as elites dos filisteus que se dedicam ao comércio. Estas não terão sobrevivência e nem futuro, pois serão deportadas e exiladas pelos babilônios em 604 a.C. Elas serão substituídas pelos pastores e o país dos filisteus vai ser transformado em pastagem para ovelhas e cabras. O mesmo profeta Sofonias anuncia ao país e aos habitantes da Assíria em Sf 2,14-15. Nas duas passagens o profeta Sofonias é muito claro e enfático. A desgraça como descarga do furor do 'dia de Iavé' cairá sobre as elites políticas, econômicas e religiosas tanto da Filisteia como da Assíria. Esta desgraça converter-se-á em graça para os pastores e seus rebanhos de ovelhas e cabras bem como de outros tipos de animais (Ez 25,1-5). Portanto, as cidades com sua cultura urbana e seu comércio terão um fim. A ira do 'dia de Iavé' será executada pelo exército de Nabucodonosor no ano de 604 a.C. A desgraça para as elites urbanas reverter-se-á em graça para os pastores seminômades e seus animais de porte pequeno.

Os oráculos Sf 2,4-6; 2,13-15 são genuínos do profeta Sofonias e correspondem muito bem com os oráculos autênticos dele em Sf 1,4-2,3 que já analisamos. Eles são igualmente coerentes com a situação e a época de atuação de Sofonias nos anos de 625 a.C. Os oráculos de desgraça para os povos vizinhos do Reino de Judá não são consolo para as lideranças urbanas israelitas, mas aviso prévio. A desgraça que caíra em 612 a.C. sobre a Assíria e em 604 a.C. sobre os filisteus virá infalivelmente sobre as lideranças políticas, econômicas e religiosas israelitas. Isto vai acontecer, de fato, em 597 e 587 a.C.

Após a explicação de Sf 2,4-6 na tentativa de entender o conteúdo e o sentido dos oráculos de Sofonias, surge uma questão inquietante. Por que o profeta não menciona nenhuma causa, não aponta nenhum motivo para tamanha destruição da população filisteia com seu território. Sofonias talvez não apresentou nenhuma razão para justificar a queda do furor no 'dia de Iavé' contra a Filisteia porque ele, de fato, dirigiu seu oráculo para os habitantes de Jerusalém e do Reino de Judá. Estes foram seus ouvintes. E, além disso, a desgraça não vai cair indiscriminadamente sobre toda a população filisteia. Para Sofonias vão sobrar os pastores seminômades, cujo território filisteu tornar-se-á em abundante pastagem para seus rebanhos. Os oráculos do profeta, portanto, vão atingir as elites políticas, econômicas e religiosas da Filisteia. Estas certamente não agiram e viveram como os pastores seminômades, talvez até os exploraram e oprimiram através de sua ação comercial. Por isso, vão ser levadas para o exílio e serão destruídas.

O resto da casa de Judá ocupará o território filisteu: Sf 2,7

A liga pertencerá ao resto da casa de Judá; ali eles apascentarão, à tarde repousarão nas casas de Ascalon: porque Iahweh, o seu Deus, os visitará e mudará seu destino.

Sf 2,7 contém uma promessa de ocupação da terra pelo resto da casa de Judá. A terra da confederação das cidades filisteias, outrora concedida por Iavé ao povo filisteu, vai agora pertencer ao resto da casa de Judá. Este resto são os israelitas que sobraram da catástrofe que caiu sobre o Reino de Judá, com a destruição da cidade de Jerusalém e do templo em 587 a.C., descrito em Jr 36-45, quando passou o demolidor exército de Nabucodonosor. Após a guerra, destruição e exílio sobrou um grupo de israelitas sob o comando de Godolias, chamado de resto de Judá (Jr 40,11.15; 42,15.19; 43,5; 44,12.14.18).

Desgraças para Moab e Amon, a leste, e salvação para o povo de Iavé: Sf 2,8-11

Eu ouvi o insulto de Moab e os sarcasmos dos filhos de Amon, quando insultavam o meu povo e se vangloriavam por causa de seu território. Por isso, por minha vida, oráculo de Iahweh dos Exércitos, Deus de Israel: "Sim, Moab será como Sodoma; e os filhos de Amon como Gomorra; um terreno de cardos, um montão de sal, um deserto para sempre. O resto do meu povo os saqueará, e o que sobrar de minha nação será o seu herdeiro". Isto lhes acontecerá por causa do seu orgulho, porque lançaram insultos e se vangloriaram contra o povo de Iahweh dos Exércitos.

A perícope Sf 2,8-10 descreve a desgraça que vai cair sobre a população e o território dos moabitas e amonitas como a concretização do furor do 'dia de Iavé'. Moab e Amon são dois povos vizinhos a leste do Reino de

Judá. Eles se situam do lado oposto dos filisteus. Como no oráculo contra os filisteus, Sf 2,4-7, também em Sf 2,8-10 a desgraça contra os moabitas e os amonitas vai beneficiar um grupo de israelitas, chamado em Sf 2,9 de 'o resto do meu povo' e em Sf 2,10 de 'o povo de Iahweh dos Exércitos'.

Do ponto de vista literário, Sf 2,8-10, parece supor redatores diferentes. Em Sf 2,8-9 Deus fala na primeira pessoa do singular: *Eu ouvi ...* Enquanto que em Sf 2,10 e também em Sf 2,11 como em Sf 2,7 fala-se de Iavé na terceira pessoa do singular. Em vista disso, o texto Sf 2,10-11 deve ser considerado uma adição a Sf 2,8-9.

O v.8 inicia com a fala de Deus na primeira pessoa do singular: *Eu ouvi.* Quando Deus ouve a súplica, o clamor, o grito significa, do lado positivo, que ele vem em socorro e em proteção de alguém. Esta mesma reação de Deus tem um lado negativo porque ele igualmente intervém contra aquele que gera o clamor, o grito e a súplica de libertação. Esta ação de Deus não só é testemunhada em Sf 2,8-9, mas também em Ex 3,7-9; 6,5-7; Dt 5,28; Jr e 35,10-15, especialmente no v.12: *Eu, Iahweh, ouvi todos os insultos ...*dos edomitas contra os montes de Israel. Esta proximidade de Sf 2,8 com Ez 35,10-15, um texto do século VI a.C., leva H. Irsigler[145] a datar Sf 2,8 na mesma época.

No v.8 menciona-se o conteúdo da escuta de Iavé: os 'insultos' de Moab e os 'sarcasmos' de Amon contra 'o meu povo'. Isto quer dizer que os insultos e os sarcasmos afetaram indiretamente a honra e o poder de Deus. A razão destes insultos e sarcasmos encontra-se muito bem enumerada em Is 16,6: *Arrogância de Moab, altivez desmedida, orgulho, raiva e tagarelice* (Am 1,13-15; 2,1-3; Is 15-16; 25,10-12; Jr 48; 49,1-6; Ez 25,1-11). Para H. Irsigler[146] Ez 25,1-11; 21,33-37 tem um conteúdo e uma formulação muito semelhante ao presente em Sf 2,8-9. Como os textos do profeta Ezequiel são do tempo do exílio dos israelitas na Babilônia, ele supõe que Sf 2,8-9 também foram redigidos neste tempo.

Enquanto que em Sf 2,8 são citadas as causas da desgraça que vão atingir os moabitas e os amonitas, Sf 2,9 descreve a ação terrível do 'dia de Iavé' contra eles, precedida pela fórmula de juramento de Deus: *Por minha vida.* Esta quer reforçar o oráculo de Iavé, aludindo à sua força. Por isso, o Deus de Israel é aqui invocado como *Iahweh dos Exércitos.* A fórmula de

---

[145] *Ibidem*, p. 260.
[146] *Ibidem*, p. 261.268.

juramento empregada em Sf 2,9, e mais 16 vezes no livro de Ezequiel das 23 vezes usadas em todo o Antigo Testamento, é um indício de que os textos proféticos durante o exílio necessitavam deste recurso para convencer os israelitas.

A desgraça que vai cair sobre Moab e Amon é semelhante a que destruiu Sodoma e Gomorra, descrita em Gn 18,16-19,29. Enquanto que Ló, o ancestral deles (Gn 19,30-38) foi salvo, seus descendentes vão ser vítimas de uma destruição ímpar. Seu território será transformado num matagal de urtiga, num montão de sal e deserto para sempre. Dt 29,22 ilustra concretamente a amplidão da destruição: ***Enxofre e sal, toda a sua terra será queimada; ela não será mais semeada, nada mais fará germinar e nenhuma erva nela crescerá!*** Além de tudo isso, *o resto do meu povo os saqueará* e herdarão o território deles. Esta parte de Sf 2,9 parece ser uma adição posterior como Sf 2,10 que apenas resume Sf 2,8-9.

Lendo-se com atenção Sf 2,8-10 percebem-se algumas dificuldades na compreensão de seu conteúdo. Qual é o sentido para o 'resto do meu povo' saquear o território dos moabitas e amonitas e tomá-lo como herança se ele foi transformado como Sodoma e Gomorra, isto é, um deserto para sempre, um montão de sal, uma terra onde só cresce urtiga? Ou, como observa H. Irsigler, a destruição de Moab e Amon, descrita de em Sf 2,8-10, nunca aconteceu na história desses dois povos. No século VI a.C., na época da origem de Sf 2,8-10, os moabitas e os amonitas viviam tranquilos na Transjordânia, talvez apenas súditos dos babilônios a partir do ano de 581 a.C. E sob a dominação persa, eles como os judeus faziam parte da mesma satrapia transeufratena. Além disso, o Reino de Judá em 587 a.C. passou por uma destruição generalizada como a descrita em Sf 2,8-10, como atesta o texto Ez 33,26-19. O que certamente subjaz a Sf 2,8-10 é a busca de vingança dos israelitas exilados. Eles gostariam de ver em Moab e Amon a destruição que lhes aconteceu no Reino de Judá em 587 a.C., com o apoio explícito e seu aplauso, quando o exército babilônico destruiu o Reino de Judá (Ez 21,33-37; 25,1-11; Sl 137,7). Em vista disso, os moabitas e os amonitas com seus descendentes não poderão fazer parte das assembleias cultuais dos israelitas até a décima geração (Dt 23,29).

Adoração de Iavé no meu lugar de moradia

Iahweh será terrível contra eles! Quando ele suprimir todos os deuses da terra, prostrar-se-ão diante dele, cada um em seu lugar, todas as ilhas das nações.

O assunto de Sf 2,11 é a supressão de todos os deuses da terra e a conversão de todos os habitantes das ilhas do mar Mediterrâneo a Iavé. Em relação a Sf 2,8-10 há um tema novo e uma adição posterior, mas é muito semelhante à conversão dos povos a Iavé em Sf 3,9-10. O reconhecimento e a adoração universal de Iavé, no entanto, é diferente. Enquanto que em Sf 3,9-10 a veneração universal de Iavé acontece em Jerusalém, como o centro da religião de Iavé, para onde **os meus adoradores trarão a minha oferenda** (Sf 3,11), mesmo da longínqua Etiópia, Sf 2,11 acentua que a veneração de Iavé pelos habitantes de todas as ilhas acontecerá por cada um no seu respectivo lugar 'em espírito e verdade' e não mais nem em Jerusalém e nem em Garizim (Jo 4,21-24). Sf 2,11, portanto, acentuando a supressão dos deuses da terra e sublinhando a unicidade de Iavé supõe provavelmente o Deutero-Isaías (Is 40-55). Sf 2,11 surgiu na época persa, no século V a.C.

Desgraça para os cuchitas no sul: Sf 2,12

Vós, também, cuchitas: "Eles serão traspassados pela minha espada".

Sf 2,12 diferencia-se claramente do contexto literário anterior. O mesmo não pode ser dito em relação a Sf 2,13-15. O texto Sf 2,12-15 parece ser uma unidade literária, mesmo que Sf 2,12 contenha um discurso divino na primeira pessoa do singular e Sf 2,13-15 fale de Iavé na terceira pessoa do singular. Os argumentos que relacionam Sf 2,12 com o texto seguinte não são, para H. Irsigler[147], apenas o contraste geográfico, onde os cuchitas e os assírios vivem. Os primeiros moram no sul e os outros no norte. Mas, também o conteúdo é semelhante, pois Sf 2,12-15 descreve a

---

[147] ***Ibidem***, pp. 281-286.

desgraça tanto para os cuchitas como para os assírios, porém em forma de processo. Ela inicia em Cuch e tem seu ponto alto na Assíria. Esses dois povos, além disso, não são vizinhos diretos do Reino de Judá e eram na história respectivamente potências internacionais com um considerável número de povos dominados por eles. A ligação entre Sf 2,12 e Sf 2,13-15 pode também ser esta: como os assírios, nas mãos de Iavé, acabaram com a dominação cuchita, assim também a Assíria terá o seu fim.

Se Sf 2,12 fala de cuchitas que são traspassados pela espada, então a desgraça que cairá sobre eles é o resultado de uma batalha, na qual muitos são mortos pela espada, isto é, pela espada de Iavé, a **minha espada.** Mas quem são os cuchitas que são mortos pela espada de Iavé?

Primeiramente temos que afirmar que Sf 2,13 não alude explicitamente ao exército inimigo que, como instrumento de Deus vai aplicar a desgraça aos cuchitas no 'dia de Iavé', traspassando-os pela espada de Iavé. Então, temos que recorrer à história para tentar descobrir, nos acontecimentos passados, que povo Deus escolheu para traspassar os cuchitas pela sua espada mortal. A opção de H. Irsigler[3], é relacionar Sf 2,12 com de profetas que atuaram antes ou depois de Sofonias. Para ele, Sf 2,12 surgiu um pouco depois de 630 a.C. nos dias da morte do rei assírio Assurbanipal pelo ano 627 a.C. A junção e a composição dos oráculos contra os povos situados nos quatro pontos cardeais, Sf 2,4-15, se originou mais tarde, talvez durante o exílio.

Um dos textos proféticos que ajudam a entender Sf 2,12 é Na 3,8-12. O profeta Naum atuou um pouco antes de Sofonias. H. Irsigler o situa entre os anos 660-630 a.C.[148]. Este texto é para ele esclarecedor, porque ele descreve os assírios pondo fim ao império cuchita quando o rei Assurbanipal destruiu Tebas em 664 a.C., chamada em Na 3,8 de No-Amon. Com a conquista de Tebas, este rei assírio acaba também com a 25ª. dinastia, liderada pelos cuchitas no Egito (750-664 ou 656 a.C.) com seu rei Taraca (2Rs 19,9) que morre em 664 a.C. Seu sucessor o rei Tanutamun (664-656 a.C.) governa em Napata, a capital de Cuch, mas sem nenhuma força e influência. O rei Assurbanipal colocou no poder o faraó Psamético I (664-610 a.C.), fundando assim a 26ª. dinastia (664-525 a.C.). O texto profético Na 3,8-12, portanto, menciona o exército assírio como aquele que traspassou os cuchitas pela espada mortal de Iavé.

---

[148] *Ibidem*, p. 293.

Este mesmo texto, no entanto, anuncia também o fim dos assírios. O mesmo que o exército assírio fez com os cuchitas acontecerá com ele (Na 3,11-15). Esta é a ironia da história. Aos textos de Sf 2,12 e de Na 3,8-15 é muito semelhante a passagem de Is 10,5-9.13-15. Nestes textos aparece claramente que é o Deus Iavé que dirige o destino dos povos. Ele escolhe uma ou outra nação como instrumento para aplicar seus desígnios. Mas, se esta mesma nação contraria a sua vontade, ela pode se tornar objeto de sua ira. Foi o que aconteceu com os egípcios, os cuchitas, os assírios, os babilônios, os persas e outros, como atestam estes textos proféticos: Is 18,1-6; 20,1-6; Jr 46,2-12; Ez 30,1-12.

Desgraças vindouras para a Assíria e Nínive, a norte: Sf 2,13-15

Ele estenderá a sua mão contra o Norte e destruirá a Assíria; fará de Nínive uma devastação, uma terra árida como o deserto. Em seu seio repousarão os rebanhos, animais de toda a espécie, até o pelicano, até o ouriço passarão a noite entre os seus capitéis, a coruja gritará na janela, e o corvo na soleira, porque o cedro foi arrancado. Esta é a cidade alegre que habitava em segurança, que dizia em seu coração: "Eu e mais ninguém!" Como se tornou desolação, um abrigo para animais selvagens! Quem passa por ela assobia, agita a mão.

No comentário a Sf 2,12 , como já foi dito acima, este versículo com Sf 2,13-15 formam uma unidade literária, um oráculo profético, só que o conteúdo é dirigido para dois povos diferentes. Mas não seria Sf 2,15 uma adição posterior? H. Irsigler[149] constata que Sf 2,15 tem uma grande proximidade com a passagem Is 47,8.10 e com os textos exílicos Jr 50,23; 51,41 bem como com Lm 2,15. Além disso, ele percebe a composição de Sf 2,15 como uma lamentação, cuja primeira parte descreve um passado feliz e a segunda um momento presente terrível. Em vista disso, ele julga que Sf 2,15 tenha se originado no fim do exílio babilônico como um comentário a Sf 2,13-14 e um prenúncio do que vai acontecer com Babel, a capital da Babilônia[150].

---

[149] *Ibidem*, p. 300.
[150] *Ibidem*, p.313.

A frase *Iavé estende a mão contra* (v.13) alude ao poder e à força de Deus e remete à ação poderosa e vitoriosa de Iavé contra os egípcios em favor dos israelitas escravizados (Ex 7,5; 7,19; 9,22; 10,12). Agora Deus vai estender sua mão poderosa contra a Assíria e sua capital Nínive que se encontram a norte do Reino de Judá. O império assírio atingiu sua extensão máxima durante o reinado de Assurbanipal quando ele até anexou o território egípcio no sul. E Nínive alcançou a sua maior glória a partir de 705 até ser destruída em 612 a.C. H. Irsigler[151] informa ainda que Nínive era a sede do santuário dedicado a deusa assíria Ichtar, enquanto que a cidade de Assur era a sede do santuário dedicado ao deus nacional Assur. Nínive compreendia uma extensão de 750 hectares, enquanto que Jerusalém, na sua maior extensão, tinha 60 hectares. Que diferença!

O profeta Sofonias anuncia que esta poderosa e temida capital vai se tornar **uma devastação, uma terra árida como o deserto,** isto é, desabitada. As consequências da que é intervenção poderosa de Deus em Nínive são elencadas no v.14: rebanhos de ovelhas e cabras, animais de toda a espécie e aves como o pelicano, a coruja e o corvo que, segundo Dt 14,12-19 e Lv 11,13-18, são aves impuras, viverão nela. Portanto, Nínive vai ser transformada num monte de ruínas, de pedras e de cinza e num esconderijo de animais e aves. Aqui não há menção de pastores.

Quem vai acabar com a cidade de Nínive! O texto Sf 2,13-14 afirma que é Iavé. Este é o anúncio do profeta Sofonias proferido entre os anos 630-625 a.C. Como Deus sempre se serve de um instrumento nós podemos testemunhar pela história que foi o exército babilônico no tempo do rei Nabopolassar (626-605 a.C.), secundado pelos medos, que acabou com Nínive, após três meses de sítio, no ano de 612 a.C.

A última frase de Sf 2,14, *o cedro foi arrancado,* quer certamente aludir ao orgulho e à prepotência de Nínive. Como o cedro se sobrepõe a todas as árvores e as ultrapassa em altura, assim também Nínive dominou todas as cidades e submeteu os impérios do mundo. Ela, no entanto, também será arrasada.

Sf 2,15, como já foi dito acima, é para H. Irsigler [152] um comentário adicional, de fim de festa, sobre Nínive e, ao mesmo tempo, aponta para o desígnio futuro de Babel, a capital da Babilônia. Ele data Sf 2,15 no final do

---

[151] *Ibidem*, p. 304.
[152] *Ibidem*, p. 308.

exílio dos israelitas na Babilônia. O v.15 seria composto como uma lamentação é estruturada. A primeira parte fala de um passado glorioso: Nínive é **a cidade alegre que habitava em segurança, que dizia em seu coração: Eu e mais ninguém!** A segunda parte aponta para o terrível momento presente: **Como se tornou desolação, um abrigo para animais selvagens! Quem passa por ela assobia, agita a mão.** Para descrever o destino de Jerusalém usam-se esquema e palavras semelhantes em Is 22,2; 32,13.

A expressão *eu e mais ninguém* explicita uma arrogância e prepotência ímpar. Nínive aplica para si o que o Deutero-Isaías afirma de Iavé em Is 43,11; 44,8; 45,5.6.14.18.21.22. Ela se autodiviniza. E, no entanto, na segunda parte do v.15 já se descreve a realização do oráculo de Sofonias no v.14. Que contraste: da autodivinização para a desolação, o esconderijo de animais e aves e objeto de gozação e de desprezo. As mesmas palavras e expressões são usadas nos textos de lamentação (Lm 2,15-16).

A cidade de Nínive recebeu várias releituras posteriores que divergem entre si. O texto tardio Is 19,23-25 testemunha a conversão dos egípcios, dos assírios e dos israelitas a Iavé, tornando-se uma bênção para a humanidade: **Bendito meu povo, o Egito e a Assíria, obra das minhas mãos, e Israel, minha herança** (v.25). No livro de Judite, que surgiu séculos mais tarde, Nínive é paradigma de cidade internacional e de destruição. Uma outra releitura de Nínive encontramos no livro de Jonas. Aqui e em Mt 12,41; Lc 11,39-32 ela é exemplo de conversão a Iavé e de vida de penitência.

2.3 Desgraças vindouras sobre as elites urbanas de Jerusalém e anúncio de sua destruição: Sf 3,1-8

O último conjunto de textos da segunda parte do livro do profeta Sofonias contém a denúncia das elites urbanas de Jerusalém, Sf 3,1-5, e o anúncio da sua destruição, Sf 3,6-8.

Jerusalém: A cidade rebelde, manchada e tirana: Sf 3,1-5

Ai da rebelde e manchada, da cidade tirana! Ela não atendeu ao chamado, nem aceitou a correção, nem confiou em Iahweh e nem se aproximou de seu Deus. Seus príncipes, no meio dela, são leões que rugem; seus juízes são lobos da estepe que na manhã trituram ossos; seus pro-

fetas são atrevidos, homens de traição; seus sacerdotes profanam o que é santo, violam a Lei. Iahweh é justo no meio dela, ele não pratica a iniquidade, cada manhã ele promulga seu direito, à aurora ele não falta. Mas o iníquo não conhece a vergonha.

O texto hebraico de Sf 3,1-5 foi muito bem conservado. Mas, a tradução do v. 3b, conforme a Bíblia de Jerusalém e outras traduções, não dá muito sentido. Aliás, só a tradução ecumênica da Bíblia em alemão (Einheitsübersetzung), e H. Irsigler[153] traduzem o v. 3b de modo diferente. A expressão hebraica ***ze'abey 'ereb*** 'lobos da tarde' ou 'lobos do crepúsculo ou da noite' como imagem para descrever a ação dos juízes em Jerusalém, não é evidente e transparente. Esta expressão aparece só ainda, em todo o Antigo Testamento, em Hab 1,8. Estas duas passagens descrevem lobos que, à tardinha, saem para caçar. Mas não é característica especial dos lobos caçarem suas presas apenas ao cair da tarde (Sl 59,7.15; 104,20-22). A passagem Gn 49,27 atesta que lobos caçam pela manhã: **Benjamim é um lobo voraz, de manhã devora uma presa, até à tarde reparte o despojo.** A expressão 'lobos da tarde' como imagem dos juízes de Jerusalém não é clara, evidente e transparente. E mais imprecisa é ainda a ação desses 'lobos da tarde' que, segundo a Bíblia de Jerusalém, **não guardam nada para a manhã.** O que se quer dizer dos juízes de Jerusalém ao compará-los com **lobos da tarde, que não guardam nada para a manhã?** Se, porventura, se quer destacar a ferocidade e a voracidade dos lobos e assim compará-los com os juízes de Jerusalém, então, devemos concentrar nossa atenção na ação dos lobos. O verbo hebraico ***garam***, que só aparece em Sf 3,3c, tem, para H. Irsigler[154], o mesmo sentido como o verbo ***'atzam*** em Jr 50,17 'roer, triturar, quebrar, esmagar ossos': **Israel era ovelha desgarrada, que os leões afugentaram. O primeiro que o devorou foi o rei da Assíria e aquele que, por último, lhe quebrou os ossos foi Nabucodonosor, rei da Babilônia** (cf Nm 24,8).

Para destacar que o lobo é feroz e voraz não só ao cair da tarde, mas sempre, por isso H. Irsigler[155] sugere uma mudança apenas nas vogais do termo ***'ereb***, 'tarde, crepúsculo, noite' para ***'arab***, 'estepe'. Assim a expres-

---

[153] IRSIGLER, Hubert. ***Zefanja***, HThKAT, Freiburg, Basel, Wien: Verlag Herder, 2002, pp. 319-320.
[154] ***Ibidem***, p. 319.
[155] ***Ibidem***, p. 320.

são hebraica de Sf 3,3b 'lobo da tarde' deve ser traduzida por 'lobo da estepe'. Como em Jr 5,6: **Por isso o leão da floresta os fere, o lobo da estepe os dizima ...** Esta tradução corresponde melhor com a realidade, pois a ferocidade e a voracidade do lobo não só se manifestam ao cair da tarde, mas sempre. Os 'lobos da estepe' atacam e devoram suas presas, quebram e até roem os ossos de animais de porte grande.

H. Irsigler, além disso, muda a negação *lo'* em Sf 3,3c pela partícula modal *l(a')* com o objetivo de reforçar e enfatizar a frase. Ele, então traduz a segunda parte de Sf 3,3 assim: **Seus juízes são lobos da estepe que, de manhã, trituram os ossos.** Os juízes de Jerusalém são, portanto, como 'lobos da estepe' que são ferozes e vorazes. Eles não só devoram a carne das pessoas nos tribunais de Jerusalém quando, pela manhã, eles aparecem para atuar como juízes, mas até trituram, quebram e roem os ossos delas. Assim o profeta Sofonias denuncia a ganância insaciável dos juízes. Eles, deste modo, agem frontalmente opostos a Iavé que **cada manhã promulga seu direito** (Sf 3,5). Ao passo que os juízes, durante a noite inteira, alimentam planos assassinos para, ao amanhecer, quando chegam aos tribunais para iniciar suas atividades, os executam, triturando até os ossos daqueles e daquelas que buscam o direito e a justiça. Ao agirem assim, eles são muito semelhantes aos príncipes, aos profetas e sacerdotes, isto é, às elites urbanas de Jerusalém.

Ai da manchada e rebelde, da cidade tirana! (v.1): O oráculo de Sofonias inicia com a exclamação hebraica *hôy,* 'ai de'. Aliás, o profeta já emprega a mesma exclamação em Sf 2,5. Esta interjeição, no entanto, só se encontra, segundo H. Irsigler[156], na literatura profética[157], com uma exceção em 1Rs 13,30: **Depositou o cadáver no seu próprio túmulo e pranteou-o dizendo: "Ai, meu irmão!"**. Tanto nesta passagem como nas demais, a interjeição é um lamento fúnebre de dor a respeito de um morto. Se, no entanto, a pessoa ou o grupo de pessoas ainda está com vida, então, o profeta já lhes anuncia o que em breve vai acontecer. A expressão 'ai de ...' é um prenúncio do que está por acontecer. O profeta já está tão convicto de que a morte ou a

---

[156] *Ibidem*, pp. 236-237.
[157] Diante de particípios substantivados, 23x: Is 5,8.11.18.20; 10,1; 29,15; 31,1; 45,9-10; Jr 22,13; 23,1; Ez 34,2; Am 5,18; Mq 2,1; Hab 2,6.9.12.15.19; Sf 2,5; 3,1; Zc 11,17. Diante de substantivos, 14x: 1Rs 13,30; Is 1,4; 5,22; 17.12; 18,1; 28,1; 30,1; Jr 22,18 (4x); 34,5; 47.6; Na 3,1. Diante de nomes próprios, 3x: Is 10,5; 29,1; Jr 48,1. Diante de adjetivos substantivados, 2x: Is 5,21; Am 6,1. Diante de preposições, 4x: Jr 48,1; 50,27; Ez 13,3.18.

destruição vai acontecer, por isso ele já entoa a lamentação fúnebre de dor sobre o morto, ainda vivo, ou convida a ensaiá-la. Para Sofonias, por conseguinte, as lideranças urbanas de Jerusalém vão muito em breve desaparecer. Quais são as causas para tão sério anúncio às elites de Jerusalém que ainda estão muito vivas e ativas, completando assim o cálice de suas iniquidades?

O profeta Sofonias compara a capital Jerusalém com uma mulher, a qual ele acusa de 'rebelde'. O termo hebraico **mor'ah** que aparece aqui em Sf 3,1 é também empregado em Os 14,1; Jr 4,17; 5,23; Lm 1,20; 3,42. Para H. Irsigler[158] a 'rebeldia' das lideranças de Jerusalém se dirige diretamente contra Iavé ou contra a sua palavra e sua orientação, mediada pelo profeta (Is 1,20; Ez 20,8; Lm 1,18). No contexto de Sf 3,1.3-4 a rebeldia das lideranças urbanas de Jerusalém se dirige especialmente contra a ordem justa e o direito de Iavé que protege e defende os socialmente fracos na capital.

A outra característica negativa da capital Jerusalém é o fato de ela estar 'manchada', isto é, de sangue inocente derramado pelas lideranças tiranas, violentas e opressoras. Um profeta anônimo as descreveu num outro tempo deste modo: ***Vossas mãos estão manchadas de sangue e vossos dedos, de iniquidade; e vossos lábios falam mentira e vossa língua profere maldade*** (Is 59,3; cf Lm 4,14). Em vista disso, a terceira característica negativa das lideranças de Jerusalém é sua 'tirania', seu despotismo e opressão, em relação aos grupos economicamente fracos e legalmente dependentes na capital. Estas não só lhes sugam o sangue, mas devoram a sua carne e até trituram seus ossos.

Ela não ouviu o chamado, não aceitou a correção, não confiou em Iahweh, não se aproximou de seu Deus (v.2): O v. 2 é, para H. Irsigler[159], uma adição posterior, cujo redator pertence ao movimento deuteronomista. Ele, no entanto, reconhece que há exegetas que consideram Sf 3,2 um texto sofoniano. Pois o v. 2 calha muito bem neste contexto. Ele explica e concretiza a rebeldia, a tirania e o despotismo das lideranças de Jerusalém. A causa destas atitudes negativas das elites da capital decorreria de quatro 'nãos' rebeldes e revoltosos: ***Ela não atendeu ao chamado, nem aceitou a correção, nem confiou em Iahweh e nem se aproximou de seu Deus.*** E, além disso, a proximidade entre os temas da 'rebeldia' e do 'não ouvir a voz', está muito bem documenta (Ex 23,21; Dt 1,43; 9,23; 1Sm 12,14.15; Js 1,18; Is

---

[158] IRSIGLER, H. Zefanja, p. 327.
[159] ***Ibidem***, pp. 322-323.

1,19-20; Ez 20,8). Mesmo assim há, para H. Irsigler, alguns indícios que definem o v. 2 como acréscimo posterior e originado pelo redator deuteronomista. Quais são eles?

Um deles encontra-se no fato de que o v. 1 e os v. 3-4 se correspondem muito bem e não necessitariam do v. 2. Pois a rebeldia contra Deus é explicitada no v. 1 como tirania, despotismo e opressão das elites de Jerusalém na violência, na prática da injustiça e no desrespeito do direito para com os economicamente fracos e legalmente dependentes na capital. Ao passo que a rebeldia e a opressão das lideranças jerusalemitas recebem no v. 2 uma justificativa diferente. Segundo o v. 2 elas agem assim, não tanto como atores sociais desumanos e cruéis, mas porque não seguem a Iavé e o seu decálogo. Portanto, a causa da rebeldia, violência e tirania dos líderes da capital está fundamentada numa atitude teológica, isto é, no rompimento com Deus ao não atender a seu chamado, ao não aceitar a sua correção, ao não confiar em Iavé e ao não se aproximar dele.

Um outro indício de redação posterior do v. 2 são as fórmulas 'não escutar a voz de Deus' e 'não aceitar a correção' como em Jr 7,28: **Tu lhe dirás: Esta é a nação que não escutou a voz de Iahweh seu Deus, e não aceitou o ensinamento.** Elas ainda aparecem em Dt 4,30; 8,20; 9,23; 13,19; 15,5; 26,14.17; 27,10; 28,1.15.45.62; 30,2.8.10.20 e Jr 2,30; 3,13.25; 5,3; 7,23.28; 6,12; 11,4.7.17.23; 32,39; 35,13. Estas passagens todas têm, para H. Irsigler[160], características do redator deuteronomista e são releitura deuteronomista, adicionada posteriormente aos livros dos profetas Sofonias e Jeremias.

E, além disso, a fórmula 'confiar em Iavé' como condição de bênção, vida e salvação é frequentemente usada nos Sl 9,11; 21,8; 22,5.6; 26,1; 32,10; 78,7.8.32 bem como a fórmula 'aproximar-se de Deus', especialmente na liturgia em Ex 16,9; Lv 16,1; Ez 40,46; 44,15; Sl 73,28; Is 58,2 revelam origem tardia. Estes são os indícios que H. Irsigler percebe em Sf 3,2 e que o levam a atribuir esta passagem ao redator deuteronomista e a uma data posterior ao profeta Sofonias.

> **Seus príncipes em seu meio, são leões que rugem; seus juízes são lobos da estepe, que na manhã trituram ossos; seus profetas são atrevidos, homens da traição; seus sacerdotes profanam o que é santo, violam a Lei** (vv.3-4),

---

[160] *Ibidem*, p. 323.

Os vv.3-4 explicitam e concretizam a rebeldia, o derramamento de sangue e a tirania de Jerusalém, cujas iniquidades já foram aludidas no v.1. A capital é assim por causa de representantes de dois grupos da sociedade civil, os príncipes e os juízes, e por causa de líderes de dois grupos da sociedade religiosa, os profetas e os sacerdotes.

a) Como autoridades do poder civil, o profeta Sofonias menciona, em primeiro lugar os 'príncipes', em hebraico os **sarym.** Eles pertencem à realeza davídica. Na corte real eles desempenham funções administrativas. Esses príncipes são os mesmos já citados em Sf 1,8-9. Eles, na administração da capital Jerusalém e do Reino de Judá, devem ser pessoas revestidas do mais alto poder e da mais ampla influência em todos os setores da sociedade civil. Eles, em seu abuso de poder e de influência, em sua insaciável cobiça por enriquecimento e em sua inescrupulosa exploração das pessoas, se rebaixam a animais. Sofonias os compara com leões que rugem. Eles, além de caírem sobre suas vítimas de modo feroz e voraz, rugem. O rugido dos leões tem, segundo H. Irsigler[161], o sentido de manter presas sob suas patas as vítimas e afugentar possíveis concorrentes (Am 3,4; Jr 2,14-15). O profeta Isaías descreve assim os príncipes:

> *Teus príncipes são rebeldes, companheiros de ladrões; todos são ávidos por subornos e correm atrás de presentes. Não fazem justiça ao órfão, a causa da viúva não os atinge* (Is 1,23).

b) O profeta Sofonias denuncia e declara o fim da rebeldia, violência e tirania de líderes de um outro grupo da sociedade civil que são os juízes. Acima nós já fizemos algumas observações sobre o texto hebraico. Nós temos levemente mudado o texto hebraico, traduzindo a expressão 'lobos da tarde' por 'lobos da estepe'. Assim os juízes de Jerusalém também se rebaixam a bichos e assumem, no desempenho de suas funções de juiz, atitudes animalescas e selvagens. Eles, segundo H. Irsigler[162], não só são lobos ferozes e vorazes ao cair da tarde, mas como 'lobos da estepe' são, o tempo todo, insaciáveis em sua caça às vítimas; sua agilidade e seu bote certeiro não deixam escapar nenhuma presa. O profeta Ezequiel os descreve muito bem: **Os chefes, no meio dela, são como lobos que despedaçam a presa, derramando sangue e destruindo vidas, a fim de obterem lucro** (Ez

---

[161] ***Ibidem***, p. 330.
[162] ***Ibidem***, p. 331.

22,27; Jr 5,6; Gn 49,27). Os juízes, após projetos de caça às vítimas durante a noite, de manhã, quando aparecem em suas repartições públicas para atuar como juiz, não só sugam o sangue e devoram a carne de suas vítimas, mas até lhe quebram os ossos, triturando-os (Mq 3,1-3).

No v.4 o profeta Sofonias denuncia autoridades de dois grupos da sociedade religiosa do povo de Israel: os profetas e os sacerdotes. O profeta Sofonias relaciona estes dois grupos porque eles, conforme H. Irsigler[163], certamente desempenham suas funções no mesmo espaço sagrado que é o templo de Jerusalém (Jr 2,8.26; 4,6; 6,13; 8,1.10; 13,13; 14,18; 23,11.34).

c) Os profetas que ele aqui denuncia são profetas que atuam sobretudo no templo de Jerusalém. Estes, no entanto, segundo o nosso autor, não são funcionários do templo, pois eles são remunerados pelas pessoas que os procuram, para obter deles uma palavra de orientação de Iavé ou para rezar em suas intenções. Assim esses profetas do templo deviam agir. Mas fazem o contrário. Eles são atrevidos, arrogantes e prepotentes e são homens de traição. Eles são enganadores do povo, pois passam aos que os procuram, em vez de uma palavra e uma orientação de Iavé, oráculos mentirosos. Eles são também ladrões e traidores, pois são pagos por um oráculo de Iavé, quando, de fato, a palavra deles é vazia e oca. Além disso, H. Irsigler[164] julga poder deduzir de Mq 3,5.11 e de Jr 6,13-14; 8,10 que os profetas do templo só visam lucro e fazem depender do montante de dinheiro seus oráculos divinos. É essa perversão dos profetas do templo de Jerusalém que Sofonias denuncia tão radicalmente.

A profetisa Hulda, no entanto, parece ser diferente desses profetas do templo. Primeiramente dela nada se diz que tenha atuado no templo, mas apenas que residia em Jerusalém, na cidade nova (2Rs 22,11-20 // 2Cr 34,21-28). Ela, em segundo lugar, devia gozar de muito prestígio e respeito, por isso o rei Josias lhe enviou uma delegação para que ela analisasse o livro da Lei, encontrado no templo, e o avaliasse a respeito de sua autenticidade. Após acurada investigação, ela profere o oráculo divino. Aliás, este é o único oráculo divino oficial proclamado por uma mulher na Bíblia. Ela é, portanto, uma verdadeira profetisa de Iavé. E para ressaltar ainda mais a importância e a influência de Hulda, como profetisa de Iavé, cabe aqui lembrar que o rei Josias não enviou sua delegação para consultar Iavé aos

---

[163] *Ibidem*, p. 332.
[164] *Ibidem*, p. 332.

profetas Sofonias e Jeremias, mas à profetisa Hulda. Seu oráculo foi levado muito a sério.

d) O profeta Sofonias denuncia igualmente a atitude pervertida e abusiva dos sacerdotes de Jerusalém. Estes deviam ser dignos ministros e dispensadores dos desígnios de Deus, mas são para o profeta profanadores das coisas santas e sagradas e violadores da Lei de Deus. H. Irsigler[165] elenca os deveres dos sacerdotes. A ele cabia sobretudo a formação e a orientação do povo como teólogos e catequistas: ***Porque os lábios do sacerdote guardam o conhecimento, e de sua boca procura-se ensinamento: pois ele é o mensageiro de Iahweh dos Exércitos*** (Ml 2,7; Jr 18,18). Em Os 4,4-9 é missão do sacerdote a instrução e a formação do povo a respeito das coisas de Deus, da sua vontade e de seus projetos de salvação (Os 6,6). Um outro aspecto do dever do sacerdote é a instrução a respeito da relação entre vida diária e culto a Iavé. O povo de Israel deve ser formado a respeito das condições éticas para poder entrar no santuário e participar do culto a Iavé (Sl 15; 24; Is 33,13-16). Cabe igualmente à missão do sacerdote o ensinamento sobre a diferença entre as coisas puras e profanas, o que já foi consagrado a Deus e os objetos sagrados usados nos cultos (Lv 10,10; 19,8; 22,15; Ex 31,14; Nm 18,32; Ez 20,13). O sacerdote deve também zelar pela pureza do culto a Iavé sem influências idolátricas (Ag 2,11-14). Pelo que se pode perceber o ofício do sacerdote é uma missão de serviço ao povo de Israel. Mas o que o profeta Sofonias percebe e denuncia é a perversão e o abuso da sua missão, desempenhando-a em seu próprio benefício, para seu prestígio próprio e enriquecimento particular. Em vista disso, eles profanam o que é santo e violam a Lei de Deus.

Portanto, tanto os sacerdotes como os profetas da sociedade religiosa do povo de Israel bem como os juízes e os príncipes da sociedade civil são muito semelhantes em seu agir: Todos eles perverteram sua missão de serviço aos outros em seu próprio benefício, todos eles se corromperam, todos eles praticaram a violência, o derramamento de sangue inocente, a opressão e a tirania. Sobre todos eles o profeta Sofonias já entoa o cântico fúnebre de dor e de morte: ***Ai da rebelde e manchada, da cidade tirana.*** Isto alude historicamente ao ano de 586 a.C. quando sobretudo as elites de Jerusalém são mortas ou levadas para o exílio babilônico.

---

[165] ***Ibidem***, pp. 331-334.

Iahweh é justo no meio dela, ele não pratica a iniquidade manhã após manhã ele promulga o seu direito, à aurora ele não falta. Mas o iníquo não conhece a vergonha (v.5).

O contraste de conteúdo do v.5, proclamando a ação justa e livre de toda iniquidade de Iavé bem como a promulgação diária do seu direito e da sua fidelidade, não podia ser maior em relação ao conteúdo dos vv.1-4. E tudo isto dentro da mesma cidade, a capital Jerusalém, e diante da mesma população. O agir urbano de Iavé e dos príncipes e juízes bem como dos profetas e sacerdotes é frontalmente oposto. E em hipótese nenhuma pode-se afirmar que essas lideranças não conhecessem Iavé, como o Deus do êxodo e o Libertador dos oprimidos. É quase impossível de imaginar como lideranças israelitas pudessem assumir atitudes semelhantes as do faraó do Egito. É muito difícil de compreender como lideranças são capazes de explorar tanto pessoas da mesma nação. Neste contexto é importante ressaltar que nem em Sf 3,1-5 e nem em Sf 1,8-9 Sofonias menciona o rei que é Josias nos anos de sua menoridade.

O v.5 é, para H. Irsigler[166], uma adição posterior do tempo do exílio ou por volta do ano 500 a.C. Ele, com formulação doxológica, quer contrapor Iavé às elites de Jerusalém para destacar que a ação violenta, opressora, tirânica e corrupta delas é culpa única e exclusiva delas, pois o agir de Iavé em Jerusalém é justo, sem iniquidade e fiel. A profissão de fé na 'justiça' de Iavé relaciona o v.5a especialmente com textos exílicos ou pós-exílicos, também com formulação doxológica como em Dt 32,4: ***Iahweh é a Rocha, e sua obra é perfeita, pois toda a sua conduta é o Direito. É Deus verdadeiro e sem injustiça, ele é a Justiça e Retidão*** (Cf Lm 1,18; Esd 9,15; Ne 9,8.33; Dn 9,14; Sl 11,7; 119,137; 129,4; 145,17).

Na mesma época deve ter surgido, segundo o nosso autor, também a expressão ***Iahweh não pratica iniquidade*** (Sl 37,1; 119,3; Jó 36,23). A profissão doxológica de fé em Iavé, como o Deus justo e sem iniquidade, está fortemente presente em textos posteriores que falam dos 'pobres de Iavé' como em Sf 3,9-20. Em vista disso, H. Irsigler considera que o texto primário, Sf 3,1.3-4, se originou ainda antes da reforma de Josias e os acréscimos, Sf 3,2.5, certamente surgiram na época exílica ou pós-exílica, pelos anos 500 a.C.

---

[166] ***Ibidem***, pp. 324.337-339.

H. Irsigler[167] percebe também em Sf 3,1-5 um prolongamento literário e histórico coerente com a perícope anterior, Sf 2,4-15, os oráculos contra as nações. Nestas o redator final destaca especialmente a ação de Iavé contra Nínive, a capital da Assíria. A ação de Iavé contra Jerusalém, a capital do Reino do Sul, é ainda mais forte, pois o profeta Sofonias já entoa uma lamentação fúnebre contra ela, antecipando o extermínio das elites jerusalemitas. Esta relação e sequência literária entre Sf 2,4-15 e Sf 3,1-5 podem também se confirmadas historicamente. Pois, enquanto Nínive vai ser destruída em 612 a.C., a catástrofe sobre Jerusalém virá um pouco mais tarde, no ano de 586 a.C.

As elites urbanas de Jerusalém não têm futuro: Sf 3,6-8

Eu aniquilei nações, suas ameias foram arrasadas; tornei desertas as suas ruas, sem um passante! Suas cidades foram devastadas, sem um homem, sem um habitante! Eu dizia: "ao menos tu me temerás, aceitarás a lição; e não se apagará de seus olhos todas as visitas que lhe fiz". Mas, não! Eles continuaram a perverter todas as suas obras! Por isso, esperai-me – oráculo de Iahweh – no dia em que me levantar como testemunha, porque é minha ordem reunir as nações, congregar os reinos para derramar sobre vós a minha cólera, todo o furor de minha ira. Pois pelo fogo do meu zelo, será consumida toda a terra.

A formulação de Sf 3,6-8 é fala de Deus na primeira pessoa do singular, ao passo que a perícope anterior, Sf 3,1-5, é um oráculo do profeta Sofonias. Para H. Irsigler[168] a unidade literária Sf 3,6-8 é uma releitura posterior a Sf 3,1-5. Esta fundamenta a desgraça inadiável que Deus fará cair sobre Jerusalém, descrita em Sf 3,8, após ter derramado o furor de sua ira sobre as nações, concretizando o 'dia de Iavé'. Para ele Sf 3,6-8 deve ter surgido ainda antes do ano 587 a.C. quando Jerusalém foi destruída pelo exército babilônico. A estrutura de Sf 3,6-8 é simples. No v.6 encontramos uma retrospectiva histórica, na qual se descreve a ação libertadora de Deus contra as nações, no intuito de mover os jerusalemitas à conversão para Iavé. Eles, no entanto, não aceitaram a lição. E pior ainda: ***Eles continua-***

---
[167] *Ibidem*, p. 337.
[168] *Ibidem*, p. 347.

ram a perverter todas as suas obras. Em vista disso, a Iavé não restou outra coisa, senão reunir as nações e congregar os reinos para presenciar o derramamento de todo o ardor da ira de Iavé sobre a cidade de Jerusalém e seus habitantes, especialmente as elites políticas, econômicas e religiosas.

Em Sf 3,6 Iavé faz um retrospecto histórico e elenca as suas ações poderosas concretizadas por exércitos escolhidos por ele. Assim Deus aniquilou várias nações: o país, as cidades e os habitantes da Filisteia (Sf 2,4-6), a Assíria com a sua capital Nínive (Sf 2,13-15), o país de Cuch (Sf 2,12), os países de Moab e Amon (Sf 2,8-9) e o exército do Egito em Karkemich no ano de 605 a.C. (Jr 46,2-12). Nelas ele destroçou as torres militarizadas, as fortificações e os muros. Ele desalojou os habitantes das cidades, tornando desertas as suas ruas. Sua ação nas populações foi abrangente, pois deixou as cidades **sem um homem, sem um habitante** (v.6).

As ações poderosas e devastadoras de Iavé no v.6 deviam servir de alerta e de advertência para os jerusalemitas. O monólogo divino esperava deles conversão para Iavé no temor, na veneração e na adoração bem como na aceitação da lição. Iavé, no entanto, frustrado constata: **Mas, não! Eles continuaram a perverter todas as suas obras!** Todas as suas visitas não tiveram o resultado esperado. Nem aquela em 722 a.C. culminando na destruição da Samaria e a deportação de grande número de israelitas e nem a visita terrível do rei assírio Senaqueribe em 701 a.C. com o cerco de Jerusalém e a conquista de vinte cidades do Reino de Judá (Is 22,1-14).

Após todos os apelos de Iavé aos israelitas, após todas as exortações, advertências e ameaças a eles sem êxito, Deus se levanta como testemunha de acusação e juiz no julgamento contra os israelitas de Jerusalém. A acusação acontece diante das nações reunidas e dos reinos congregados (Jr 1,15-16). A sentença é a concretização do 'dia de Iavé' (Sf 1,7-18) derramando sobre os israelitas todo o ardor de sua ira. Como Iavé sempre escolhe o exército de um povo para executar suas sentenças condenatórias, desta vez são os babilônios o instrumento da realização de sua vontade, no ano de 587 a.C.

A última frase do v.8 amplia o julgamento particular dos israelitas para o julgamento universal: **Pois pelo fogo de seu zelo, será consumida toda a terra.** Esta frase se assemelha muito a Sf 1,18. Nestes textos o 'dia de Iavé' é universalizado, ele atinge toda a terra e todos os habitantes da terra (Jr 25,15-29). Ele se torna cósmico. O julgamento de Deus com as respectivas sentenças contêm três níveis: ele é particular e nacional voltado para os israelitas; ele é internacional, pois abrange os reinos e as nações; e ele tem uma dimensão cósmica e escatológica. Os textos que descrevem o julgamento universal de Iavé são para H. Irsigler[169] tardiamente pós-exílicos.

Sf 2,8 é, ao mesmo tempo, um gancho muito importante para o texto que segue. Porque os que foram aprovados no julgamento de Deus serão purificados, tanto os povos do mundo em Sf 3,9-10 como os israelitas em Sf 3,11-13. Como em Sf 3,9-13 não se fala de uma purificação cósmica e universal, H. Irsigler[170] supõe que a última frase do v.8 fora tardiamente intercalada em Sf 3,6-13. Ela é a última adição ao texto do livro de Sofonias, talvez já na época da dominação grega [171]. O tema do julgamento universal de Iavé mediante o fogo devorador e purificador não alude ao fim do mundo. Este deve ser purificado da maldade, da injustiça e do derramamento de sangue para poder oferecer um espaço novo para os povos purificados (Sf 3,9-10) e entre estes, o resto do povo de Israel (Sf 3,11-13).

---

[169] ***Ibidem***. p. 357.
[170] ***Ibidem***, p. 357.
[171] ***Ibidem***, p. 361.

PARTE III

3. A outra face do 'dia de Iavé': dia de purificação e de libertação: Sf 3,9-20

A última parte do livro do profeta Sofonias, Sf 3,9-20, nos apresenta e descreve a outra face do 'dia de Iavé'. Esta igualmente pode ser subdividida em três conjuntos de textos. O primeiro conjunto contém a promessa da purificação dos lábios dos habitantes das nações: Sf 3,9-10; o segundo conjunto de textos descreve a libertação do 'resto de Israel': Sf 3,11-13; e o terceiro grupo de textos pinta a reunificação dos israelitas dispersos pelo mundo em torno de Iavé em Jerusalém: Sf 3,14-20.

3.1 Purificação dos povos e o resto de Israel: Sf 3,9-13

A perícope Sf 3,9-13 contém promessas. Deus primeiramente promete purificar os lábios daqueles e daquelas que sobraram dos povos, após as desgraças do 'dia de Iavé'. As populações dos povos vão invocar o nome de Iavé e servi-lo (Sf 3,9-10). Depois disto, o resto de Israel, após a eliminação dos orgulhosos fanfarrões, se refugiará no nome de Iavé, não praticará mais iniquidade e não dirá mais mentira (Sf 3,11-13).

Para H. Irsigler[172] Sf 3,9-13 não é uma unidade literária original. A perícope tem redatores diferentes. Para ele, Sf 3,11-13 se encaixa muito bem entre Sf 3,8, sem a última frase, e Sf 3,11. Em vista disso, Sf 3,9-10 é, para ele, uma interpolação posterior. Seus critérios para tais afirmações são primeiramente questões literárias. Porque em Sf 3,9-10 Iavé se dirige aos povos na terceira pessoa, ao passo que ele em Sf 3,11-13 se volta para Jerusalém e fala à sua população na segunda pessoa do feminino singular. Em Sf 3,9-10 a purificação acontece dando aos povos lábios puros para que assim possam invocar o nome de Iavé e servi-lo, ao passo que em Sf 3,11-13 a purificação é concretizada pela separação dos orgulhosos fanfarrões do resto de Israel. De um lado, a purificação é mais litúrgico-cultual e, de outro, ela se dá a nível ético-moral.

---

[172] *Ibidem*, p. 367.

Todos os povos servirão a Iavé: Sf 3,9-10

Sim, então darei aos povos lábios puros, para que todos possam invocar o nome de Iahweh e servi-lo sob o mesmo jugo. Do outro lado dos rios de Cuch, os meus adoradores trarão a minha oferenda.

Como já foi dito acima, o texto Sf 3,9-10 é uma interpolação posterior e não forma uma unidade literária. Isto porque o v.10 é uma glosa, cuja inspiração vem de Is 18,1-7; Ag 2,7; Is 60. Estas passagens H. Irsigler[173] data no início do período helenista, no século III a.C.

Independente da origem e composição literária, Sf 3,9-10 contém uma visão de futuro, um sonho acalentado por muita gente. Porque até de Cuch, da Etiópia, cujo país era considerado no extremo limite do orbe habitado, partirão adoradores de Iavé para Jerusalém, levando suas oferendas de louvor, na grande romaria de todos os povos para que, com os lábios purificados, adorem única e exclusivamente o Deus Iavé, servindo-o na mesma liturgia. Este tema da peregrinação de todos os povos para Jerusalém ou para o monte Sião aparece também em Is 49,22; 60,4.9; 66,22. Neles se fala de que os povos trazem de volta os filhos e filhas de Israel, após o término do exílio. A romaria de todos os povos para Jerusalém é igualmente descrita em Is 2,2-5; Mq 4,1-5, onde se encontrarão com Iavé, como o juiz da paz e pacificador de todos os conflitos, tornando desnecessárias as armas de guerra que serão, então, transformadas em ferramentas de trabalho rural.

A utopia da romaria de todos os povos para Jerusalém na profissão da mesma fé em Iavé e na participação do mesmo culto com ética solidária e libertadora, é corrigida em Sf 2,11. Porque, segundo Sf 2,11, não é mais necessário peregrinar para Jerusalém para aí venerar Iavé, mas todas as pessoas podem prostrar-se diante dele **cada uma em seu lugar.** Isto não é só uma crítica à ideologia moderna do sionismo, mas é, ao mesmo tempo, um protesto contra a política dos persas. Estes exigiam que todos os povos levassem para o centro deles, para a sua capital Persópolis, presentes e tributos, até de Cuch no extremo sul, como a periferia mais distante do império persa.

---

[173] ***Ibidem***, p. 380-381.

A promessa de Deus de dar a todos os povos 'lábios puros' quer primeiramente explicitar que todos os povos professarão pela sua boca a mesma fé em Iavé e, em segundo lugar, que eles não falarão mais mentiras para enganar e prejudicar os outros (Sf 2,13). Os povos viverão sob o mesmo jugo, sob a mesma canga, isto é, sob a mesma ordem jurídica, social e religiosa (cf Rm 11,25-33).

3.2 A fotografia do resto de Israel: Sf 3,11-13

Naquele dia, não terás vergonha de todas as tuas más ações, pelas quais te . revoltaste contra mim, porque, então, afastarei do teu meio teus orgulhosos fanfarrões; e não continuarás mais a te orgulhar em minha montanha santa. Deixarei em teu meio um povo pobre e humilde, e procurará refúgio no nome de Iahweh o Resto de Israel. Eles não praticarão mais a iniquidade, não dirão mentiras; não se encontrarão em sua boca língua dolosa. Sim, eles apascentarão e repousarão sem que ninguém os inquiete.

A fotografia de Jerusalém, segundo Sf 3,11-13, nos mostra a população da capital como um **povo pobre e humilde,** o **resto de Israel,** após Iavé ter no seu dia afastado os orgulhosos fanfarrões. Esta perícope dá continuidade e depende de Sf 3,1-8, sem a última frase do v.8. Esta fotografia de Jerusalém nos apresenta Iavé concretizando seu dia ao derramar todo o ardor de sua ira sobre a elite política, econômica e religiosa de Jerusalém. A fotografia de Jerusalém em Sf 3,1-5 desfila todos os malfeitores da capital, destacando quatro grupos: príncipes, juízes, profetas e sacerdotes. A estas fotografias tiradas em épocas diferentes foi juntada mais outra, Sf 3,14-20. Revelando Jerusalém em festa e triunfante. Em vista disso, verifica-se que Sf 3,9-10 rompe essa sequência de fotografias sobre Jerusalém, cujo texto tem uma origem bem tardia.

A estrutura de Sf 3,11-13 se compõe de uma poesia com duas estrofes. A primeira, Sf 3,11a-12a, descreve a ação de Iavé purificando Jerusalém, afastando dela os orgulhosos fanfarrões e preservando o povo pobre e humilde. A segunda estrofe, vv.12b-13, pinta com detalhes a vida dos 'pobres de Iavé' em Jerusalém. Esta poesia recorda o cântico de Maria em Lc

1,46-55 onde se celebra Deus que *depôs poderosos de seus tronos e a humildes exaltou* (Lc 1,52).

Em Sf 3,11 Deus anuncia a uma parte de Jerusalém que ela não precisa mais se envergonhar de todas as más ações praticadas nela pelas lideranças da capital e pelas revoltas contra Iavé, opondo-se à vida segundo a justiça, o direito e a solidariedade. Porque as elites políticas, econômicas e religiosas com seus assassinatos, injustiças, explorações e idolatrias terão um fim no 'dia de Iavé' (Sf 3,1-4; 1,4-13; 2,1-3). Estas se revoltaram contra Iavé, ao passo que o 'resto de Israel' procura refúgio no nome de Iavé. Que contraste! Estas são sintetizadas no v.11 de 'fanfarrões orgulhosos, arrogantes e prepotentes'. A estes, Deus mesmo assegura que não mais continuarão a se orgulhar em minha montanha santa, isto é, no monte Sião, onde está o templo de Iavé. Porque segundo os Sl 15; 24 no santuário de Iavé só poderão entrar as pessoas que praticam a justiça, têm mãos limpas e um coração puro. O mesmo se diz do 'resto de Israel' nos vv.12-13.

A expressão 'resto de Iavé' em Sf 3,13 bem como em 1Rs 19,18 e Jr 50,20 é um povo pobre e humilde que sobrou, após os conflitos militares, por misericórdia e graça de Iavé. Este garante não só a sobrevivência física do povo, mas é a base de um novo povo de Iavé, isto é, os 'pobres de Iavé'. Eles podem ser chamados assim porque são economicamente pobres e simples, juridicamente fracos e dependentes e religiosamente humildes diante de Deus, abertos e dedicados a ele. Eles são o contrário dos orgulhosos, prepotentes e arrogantes fanfarrões que são os príncipes, os juízes, os profetas e os sacerdotes em Sf 3,1-4. Este grupo *não ouviu o chamado, não aceitou a lição, não confiou em Iahweh e não se aproximou de seu Deus* (Sf 3,2). Mas o 'resto de Israel' *procurará refúgio no nome de Iahweh, não praticará mais a iniquidade, não dirá mentira e não se encontrará em sua boca língua dolosa* (Sf 3,12-13). Este povo pobre e humilde, em hebraico *'am 'any wdal,* é o contrário daqueles que amontoam riqueza, empregando violência e engano em Sf 1,8-9, ele é o contrário daqueles ricos comerciantes em Sf 1,10-11 e ele é o contrário dos senhores ricos e proprietários de terra em Sf 1,12-13.

Quando aconteceu na história a separação do povo pobre e humilde dos orgulhosos fanfarrões! Para H, Irsigler[174] esta separação se deu quando Nabucodonosor acabou com o Reino de Judá, conquistou Jerusalém e de-

---

[174] *Ibidem*, p. 393-395.

portou para o exílio vários grupos de israelitas em 587 a.C. O redator de 2Rs 25,12 testemunha: *Do povo da terra, o comandante da guarda deixou uma parte, como viticultores e agricultores.* Jr 52,1-30 fala do mesmo assunto com mais detalhes. E 2Rs 24,14 comunica que *Nabucodonosor levou para o cativeiro Jerusalém inteira, todos os dignitários e todos os notáveis, ou seja, dez mil exilados, e todos os ferreiros e artífices; só deixou a população mais pobre da terra.* Sf 3,11-13 ilumina esses fatos históricos teologicamente afirmando que Iavé realizou uma verdadeira purificação da população israelita.

Nos vv.12b-13, a segunda estrofe da poesia apresenta-se a fotografia do povo pobre e humilde, do resto de Israel, dos pobres de Iavé que procuram refúgio no seu nome (Is 14,32; Sl 7,2; 11,1; 16,1; 18,3; 31,2; 57,2 etc.). Eles são a continuidade e a verdadeira identidade do povo de Israel. Seu agir e seu falar são contrários ao agir e ao falar dos orgulhosos fanfarrões. Seu estilo de vida econômico, social, religioso e cultural como pastores seminômades com seus rebanhos contrasta também com o estilo de vida dos orgulhosos fanfarrões que viviam nas cidades e exploravam os pastores e pequenos agricultores, infernizando-lhes a vida.

O conteúdo e a linguagem de Sf 3,11-13 apontam para a situação histórica do resto de Israel no fim do exílio, vivendo em torno do templo, reconstruído e reinaugurado em 515 a.C. Sf 3,11-13 se assemelha muito a um programa de vida e de sobrevivência dos pobres de Iavé na Jerusalém purificada. Para H. Irsigler[175] Sf 3,11-13 poderia muito bem ter sido a conclusão original do livro de Sofonias. Após o justo julgamento do povo de Israel e o afastamento dos orgulhosos fanfarrões, surge o novo povo de Israel. Este, nas bem-aventuranças de Jesus, são os pobres em espírito ou os mansos que herdarão a terra (Mt 5,1-10). Este, são os pequenos elogiados por Jesus em Mt 11,29. Este, são as comunidades eclesiais de base que optam pelos empobrecidos e excluídos na esperança de que surja um mundo mais justo, mais humano e mais divino.

---

[175] *Ibidem*, p. 400.

3.3 Convite à alegria e ao encorajamento e à reunificação dos dispersos: Sf 3,14-20

Em Sf 3,14-20, H. Irsigler[176] encontra três unidades literárias. A primeira, Sf 3,14-15, contém um convite à alegria, indicando também as suas causas. Em Sf 3,16-17 há um apelo ao encorajamento, mencionando igualmente os seus motivos. E em Sf 3,18-20 anuncia-se a promessa da reunião dos israelitas dispersos.

Convite à alegria porque Iavé reina em Jerusalém: Sf 3,14-15

Rejubila, filha de Sião, solta gritos de alegria, Israel! Alegra-te e exulta de todo o coração, filha de Jerusalém! Iahweh revogou a tua sentença, eliminou o teu inimigo. Iahweh, o rei de Israel, está no meio de ti, não verás mais a desgraça.

A estrutura de Sf 3,14-15 é muito simples. No v.14 o convite à alegria é expresso através de quatro verbos diferentes e no v.15 estão elencadas as razões para tamanha alegria. O ponto alto delas parece ser a presença de Iavé no meio de Jerusalém como o rei de Israel.

O texto em Sf 3,14-15 dirige-se diretamente à cidade de Jerusalém com seus habitantes, como uma mulher que tem uma filha, a 'filha de Sião' e a 'filha de Jerusalém' e a Israel. Os quatro verbos no imperativo indicam aqui totalidade e intensidade. A alegria deve ser de todo o coração, deve brotar da pessoa como um todo (cf Jo 15,11).

Os motivos da alegria são primeiramente a revogação da sentença que Iavé decretara contra certos grupos de moradores de Jerusalém em Sf 3.8, derramando todo o furor de sua ira sobre ela. Depois, ele eliminou o inimigo de Jerusalém que era o exército de Nabucodonosor. Este Iavé escolheu como instrumento para aplicar a sentença. Mas, em 539 a.C., eles foram destroçados pelos persas. Talvez o autor também se refira ao governador da Babilônia que, com seus soldados, ocuparam por muitos anos o território do Reino de Judá e residia em Masfa.

---

[176] ***Ibidem***, pp. 402-403.

A razão mais importante, no entanto, que deve levar os pobres de Iavé a delirar de alegria é o fato de que Iavé instalou em Jerusalém seu trono e sua moradia e governa como o rei de Israel. O reinado de Iavé que já era celebrado antes do exílio nas liturgias no templo como atestam os textos Is 6,1-3; Sl 24; 89,6-53. 93, agora certamente com o templo reconstruído (520-515 a.C.) volta-se a celebrar a realeza de Iavé como testemunham os hinos (Sl 47; 96-99). A certeza da 'chekiná' real de Iavé no reedificado templo de Jerusalém é a garantia de que o resto de Israel **não verá mais a desgraça** (v.15d). Este é o quarto motivo da alegria transbordante do povo pobre e humilde em Jerusalém. Sf 3,14-15, portanto, foi escrito provavelmente na virada dos séculos VI para o V a.C. Seu redator é um verdadeiro 'evangelista', um portador e mensageiro de alegria para a comunidade dos pobres de Iavé em torno do reconstruído templo de Jerusalém. Aliás, nos evangelhos Jesus recebe o título de 'rei de Israel' (Mc 15,32; Mt 27,42; Jo 1,49).

Apelo ao encorajamento porque Iavé é um herói que liberta: Sf 3,16-17

Naquele dia, será dito a Jerusalém: Não temas, Sião! Não desfaleçam as tuas mãos! Iahweh, o teu Deus, está no meio de ti, um herói que salva! Ele exulta de alegria por tua causa, estremece em seu amor, ele se regozija por tua causa com gritos de alegria.

A situação de Jerusalém e de sua população, que transparece em Sf 3,16-17, é ainda de medo, de desânimo e de resignação paralisante. Para essa gente o profeta grita: **Não temas, Sião!** O motivo principal desta apatia parece ser a fé deficiente e a esperança fraca na presença eficiente e forte de Iavé no meio da população de Jerusalém, após o exílio. De fato, inimizade e concorrência da comunidade de Jerusalém com a de Samaria, ao norte, com Amon, a leste, e com os árabes no sul, dificuldades de organizar a vida a nível econômico, social, político e religioso, insatisfação e descontentamento paralisavam a vida do resto de Israel. Em vista de tudo isto, tornou-se necessária a forte proclamação: *Iahweh, o teu Deus, está no meio de ti, um herói que salva!* Herói significa aqui um guerreiro valente e destemido que luta, salva e liberta. Assim ele protege o povo pobre e humilde de

Jerusalém dos inimigos de fora e tem com ele uma relação de amor estremecedor e de alegria incontida.

Reunificação dos dispersos de Israel com renome e louvor em toda a terra: Sf 3,18-20

Os aflitos longe da festa, eu os reúno, eles estavam longe de ti, para que não carregues mais opróbrio. Eis-me em ação contra todos os teus opressores. Naquele tempo salvarei a pessoa manca, reunirei a dispersa, atrairei para eles louvor e renome em toda a terra, quando realizar a vossa restauração. Naquele tempo vos conduzirei, no tempo em que vos reunir; então vos darei renome e louvor entre todos os povos da terra, quando realizar a vossa restauração, aos vossos olhos, disse Iahweh.

Esta perícope final do livro de Sofonias revela que o v.20 é uma adição. O v.20 se compõe de repetições de temas e termos presentes nos vv.18-19, como a expressão 'naquele tempo', a repetição da promessa da reunificação dos israelitas dispersos, dando-lhes renome e louvor. Além disso, a fórmula final **disse Iahweh** retoma Sf 1,1: **Palavra de Iahweh,** transformando todo o texto do livro do profeta Sofonias em Palavra de Deus. O v.20, portanto, foi escrito numa época diferente da dos vv.18-19 e com Sf 1,1 forma uma inclusão.

O texto final, Sf 3,18-20, é fala divina, através da qual Deus promete reunir todos os israelitas dispersos pelo mundo. Esses aflitos, longe das festas de Jerusalém porque, por uma razão ou outra, foram espalhados pelo mundo, serão reunidos em Jerusalém acabando assim sua humilhação, seu opróbrio e sua vergonha. H. Irsigler[177] é do parecer que o primeiro grupo de israelitas exilados na Babilônia, que retornou para Jerusalém, acompanhou o exército do rei Cambises (530-522 a.C.) quando foi guerrear contra os egípcios. Para acabar com a situação sofrida, deprimente, humilhante e vergonhosa do exílio dos israelitas, Iavé vai à causa. Esta, são os opressores do povo de Israel. Pelo livro de Sofonias nós sabemos que eles são os líderes dos povos mencionados em Sf 2,4-15, especialmente os assírios, sem esquecer os terríveis babilônios (Sf 3,6-8). Entre esses opres-

---
[177] ***Ibidem***, p. 429.

sores nós devemos igualmente incluir as lideranças políticas, econômicas e religiosas em Sf 3,1-4 (cf Is 60,14).

De um grupo de israelitas dispersos, Iavé vai cuidar com muito carinho. Aqui é necessário prestar bastante atenção ao texto hebraico. Porque no v.19 são empregados dois termos que expressam um coletivo com conotação feminina, **hatzoel'ah** 'a (pessoa) manca' e **hanidahah** 'a (pessoa) dispersa'. Estes dois termos encontram-se na mesma forma em Mq 4,6. Isto quer dizer que Iavé iniciará com seu projeto de libertação e de reunificação com 'pessoas mancas e dispersas' isto é, com as pessoas mais marginalizadas e excluídas da sociedade, mais dependentes e necessitadas da salvação e da ajuda de Deus. São, então, as pessoas com dificuldade para andar, dependentes, marginalizadas e excluídas que Iavé vai conduzir como o bom pastor conduz suas ovelhas (Ez 34), concedendo-lhes em Jerusalém, **louvor e renome em toda a terra** (v.19).

O v.19, como já dito acima, é muito semelhante a Mq 4,6-7. Sf 3,19 parece depender literariamente do texto do livro do profeta Miqueias, por ter simplificado o texto e tê-lo tornado mais acessível. Sf 3,19 provavelmente também se relaciona com Dt 26,17-19, onde se fala que o povo de Israel é superior em honra, fama e glória a todas as nações, se for fiel à aliança na observância dos mandamentos.

Sf 3,20, como já foi dito acima, é uma adição posterior, retomando em grande parte Sf 3,18-19. Mas há algumas diferenças. Uma delas é a perspectiva de reflexão. Enquanto que Sf 3,18-19 parte da situação presente dos dispersos, dos aflitos longe da festa e dos coxos, que Deus vai reconduzir para Jerusalém, concedendo-lhes no futuro louvor e renome em toda a terra, o v,20 fala da promessa da reunificação dos dispersos no futuro desembocando no presente. A promessa da restauração dos israelitas dispersos vai acontecer em vida, *aos vossos olhos.* Este sonho da reunificação dos israelitas dispersos pelo mundo também é tratado em Dt 30,1-5; Jr 29,14; 30,3.18; Ez 39,25; Am 9,14; Ag 1-3 Zc 1-8. Esta esperança da mudança do destino dos israelitas dispersos pelo mundo brota do fundo do coração, pois é muito duro, deprimente e humilhante ter que viver num país como pessoa de segunda classe, sem nome, sem dignidade e sem muitos direitos. Para H. Irsigler[178] o texto Sf 3,18-20 foi escrito provavelmente no início da época helenista, no século III a.C.

---

[178] *Ibidem*, p. 434.

CONCLUSÃO

Após a leitura, o estudo e a pesquisa dos oráculos autênticos do profeta Sofonias e das perícopes do livro atribuídas a ele, podemos tirar algumas conclusões. Uma delas salta logo aos olhos. É a compreensão do Deus Iavé e de sua ação na história que tem o profeta Sofonias. Um de seus oráculos contém o apelo insistente e o imperativo urgente: **Procurai a Iahweh!** A busca de Iavé, no entanto, não é algo apenas espiritualista, intimista, teórica e na repetição de ritos litúrgicos, mas exige um estilo de vida pautado nas ações do próprio Iavé. Em vista disso, no mesmo oráculo o profeta Sofonias acrescenta: **Procurai a justiça e a pobreza!** A fé no Deus Iavé, o seu seguimento e a opção por ele incluem atos de promoção e defesa da vida, de relacionamentos humanos de qualidade e de opção pelos empobrecidos e excluídos na sociedade.

Esta fé no Deus Iavé, o Deus do êxodo libertador do Egito, Sofonias certamente já recebeu na sua vivência familiar. Seu nome 'Sofonias' bem como o nome de três gerações de antepassados são compostos, cuja terminação é o início do nome do Deus Iavé. A escolha desses nomes javistas não pode ser atribuída ao acaso e nem é mera coincidência, mas por detrás desta sequência de nomes há o cultivo e a vivência da fé em Iavé. Neste ambiente familiar religioso e de prática das tradições religiosas javistas na família e no templo de Jerusalém foi educado e viveu o menino e jovem Sofonias.

Para Sofonias, Iavé é também o Deus que intervém e age na história. Ele é o libertador poderoso, eficiente e vitorioso, privilegiando os oprimidos, os escravizados e os excluídos da sociedade. Em vários oráculos seus, Sofonias anuncia o fim dos líderes econômicos, políticos e religiosos de Jerusalém e do Reino de Judá, através de uma renovada ação eficiente de Iavé. Ele vai mais uma vez derrubar os poderosos de seus tronos e elevar os humildes. Sua ação libertadora e purificadora ele chama de 'dia de Iavé'. Nenhum profeta pintou de modo tão concreto e detalhado como Iavé agirá no seu dia. As intervenções de Iavé no seu dia não vão apenas afetar os israelitas, mas todas as nações do mundo. Sofonias tem um excelente conhecimento e uma visão bem clara da constelação dos povos, tanto na micro como na macro história. A fonte onde ele bebeu tudo isso é, além de sua vivência familiar e comunitária em Jerusalém, sua origem cuchita, egípcia e africana. Não há nada de improvável de que seu avô Godolias pudesse ter casado com uma mulher cuchita. E, por isso, deram a seu pai o nome de Cusi. A origem cuchita, egípcia, africana e israelita é o pano de fundo da vida, da fé e da vivência religiosa e profética de Sofonias.

Para Sofonias, Iavé, o Deus libertador e agente eficiente na história, não age indiscriminadamente e de modo generalizado. Suas sentenças condenatórias para os malfeitores e praticantes de iniquidades como assassinatos, roubos, mentiras, enganos, explorações e idolatrias são, ao mesmo tempo, libertação para um pequeno resto. Após seu último, insistente e urgente apelo a procurar a Iavé, sua justiça e pobreza, ele explicita a sua fé e confiança de que um grupo do povo de Israel vai ser salvo e que dará continuidade dele na história: **talvez sejais protegidos no dia da ira de Iahweh**. Neste grupo, entre outros, podemos contar com o profeta Sofonias, seus discípulos, seus seguidores, seus admiradores e simpatizantes.

Uma outra conclusão refere-se à atuação urbana do profeta Sofonias. Mesmo que ele talvez não tenha nascido e crescido em Jerusalém, o lugar por excelência de sua atuação profética é a capital dos judeus. Nos seus oráculos transparece claramente um conhecimento detalhado e bem concreto da geografia da capital e os locais de comércio e de encontro das pessoas. Seus oráculos são dirigidos a grupos bem concretos da capital Jerusalém como príncipes, juízes, profetas profissionais, sacerdotes, idólatras, sincretistas e seguidores da moda de se vestir dos assírios. Esta sua vivência em Jerusalém certamente lhe propiciou o conhecimento da história dos povos vizinhos do Reino de Judá e dos povos no extremo norte e sul. Em vista disso, a profecia sofoniana não se limita a comentar as relações nacionais dos israelitas, mas ela se amplia num excelente conhecimento das relações comerciais e diplomáticas entre as nações de então. Na compreensão de história de Sofonias, o povo de Israel não tem privilégios e tratamentos especiais. No 'dia de Iavé' todos os malfeitores e perversos, independente de sua nacionalidade, serão julgados e terão um fim. Mas, por outro lado, aqueles que buscam a Iavé, sua justiça e pobreza serão salvos, conservados e protegidos por Deus.

Os textos do livro do profeta Sofonias que foram escritos por redatores posteriores para os seus conterrâneos e contemporâneos são tentativas de aplicação e concretização do conteúdo profético de Sofonias para outros tempos e outras situações históricas. Elas são um exemplo da importância e do impacto da profecia sofoniana, após o cumprimento e a realização do conteúdo de seus oráculos nos diferentes acontecimentos da história.

Uma releitura, no entanto, cria certos problemas para a sua exata compreensão quando ela for comparada com outros textos bíblicos afins. É o anúncio da supressão de tudo e, então, da volta ao caos original em Sf 1,2-3.18. Essas afirmações contradizem outros textos bíblicos. Um deles é o relato do dilúvio, onde também se descreve o fim de tudo, mas em Gn 6-9 igualmente se testemunha que Deus salvou a família de Noé e casais de animais. Além disso, encontramos naquela perícope a promessa de que nunca mais haverá um dilúvio sobre a face da terra. Aquelas afirmações sofonianas igualmente não concordam com a concepção de um novo céu e uma nova terra. Elas, em terceiro lugar, contradizem convicções expressas no próprio livro de Sofonias que falam ora do 'resto da casa de Judá', ora do 'resto de Israel' e ora que Deus deixará em Jerusalém um 'povo pobre e humilde'. Assim a ação poderosa, eficiente e libertadora do 'dia de Iavé' não é só negativa, mas ela tem também características e consequências positivas.

REFERÊNCIAS BIBLIOGRÁFICAS

BACHMANN, Garcia Mercedes. "O 'Resto' em Sofonias: Os que unem o cultual com o ético", **RIBLA 35/36,** 2000, pp. 224-230.
BALANCIN, Euclides M./STORNIOLO, Ivo. ***Como ler O Livro de Sofonias.*** A esperança vem dos pobres, São Paulo: Paulinas, 1991.
BÍBLIA DE JERUSALÉM, São Paulo: Paulus, 2002.
BONORA, Antonio. ***Naum, Sofonias, Habacuc, Lamentações.*** Sofrimento, protesto e esperança, São Paulo: Paulinas, 1993.
DIETRICH, Walter - SCHWANTES, Milton (Org.), ***Der Tag wird kommen. Ein interkontextuelles Gespraech ueber das Buch des Propheten Zefanja,*** SBS 170, Stuttgart: Verlag Katholisches Bibelwerk, 1996.
GORGULHO, Gilberto. "Sofonias e o valor histórico dos pobres", **RIBLA 3,** 1989, pp. 26-35.
HEINZ, Andreas. "Dies irae", **LThK 3,** Freiburg, Basel, Rom, Wien: Verlag Herder, 1995.
LOHFINK, Norbert. "Zefanja und das Israel der Armen", **BiKi 39,**1984, pp. 100-108.
IRSIGLER, Hubert. "Zefanja, Zefanjabuch. I. Altes Testament", **LThK X,** Freiburg/Basel/Rom/Wien: Verlag Herder, 2001, pp. 1392-1394.
IRSIGLER, Hubert. ***Zefanja,*** HThKAT, Freiburg/Basel/Wien: Verlag Herder, 2002.
SOARES, A. G. Sebastião. "Sofonias, filho do negro, Profeta dos pobres da terra", **RIBLA 3,** 1989, pp. 21-25.
SCHWANTES, Milton. "Jhwh hat Schutz gewaehrt. Anmerkungen zum Buch des Propheten Zefanja", In: Idem, W. Dietrich (Org.), ***Der Tag wird kommen. Ein interkontextuelles Gespraech ueber das Buch des Propheten Zefanja,*** SBS 170, Stuttgart: Verlag Katholisches Bibelwerk, 1996.
ZENGER, Erich *et all*. ***Introdução ao Antigo Testamento,*** São Paulo: Loyola, 2003.